KB036996

잘하는 게 뭔지 물으신다면

잘하는 게 뭔지...... 물으신다면

나다운 꿈을 찾아가는 5가지 진로 키워드 고정욱 지음

풀빛

잘하는 게 뭔지 물으신다면

"노래책에 코드 그려져 있지? 이 모양대로 손가락을 누르고 기타를 그냥 치면 돼."

친구는 내 앞에서 신나게 시범을 보였다. 그 모습이 너무나 멋졌다. 덕분에 악보 위에 적힌 코드 누르는 그림만 보면 기타를 칠 수 있다는 사실을 알게 됐다. 물론 부단한 연습이 필요했다. 손가락에 굳은살이 박일 때까지 했다. 그 결과 얼마 후 친구들 가운데서 내가 제일 기타를 잘 쳤다. 노래도 잘 불렀다. 사람들은 그런 나를 보고 말했다.

"너는 기타 치고 노래하는 데 소질이 있구나."

대학에 들어가니 글 잘 쓰는 사람들이 많았다. 그들이 쓴 글을 읽어 보면서 감탄을 금치 못했다. 무작정 따라 써 보았다. 꾸준히 글쓰기를 게을리하지 않았다. 4학년 때 성균관대학교 신문이 주최하는 현상 공모에 당선되어 상장과 상금도 받았다. 10년 뒤에는 정식으로 등단했고, 지금은 우리나라에서 가장 책을 많이 쓴 작가가 되었다. 지금 나에게 잘하는 게 뭐냐고 묻는다면 이렇게 대답할 거다.

"글 좀 쓰고 있습니다."

사람이 뭔가를 조금 하게 되면 취미가 특기가 되어 직업으로 연결되는 이치가 이러하다. 내가 뭘 잘하는지, 무엇을 좋아하는지 알아내는 것이 그 출발점이다. 그저 보고 듣고 배우고 따라 하면서 함께 협력하고 익히며 실수를 반복하다 보면 어느새 나는 능력자가 되어 뭔가 이룰 수 있다. 그뿐만 아니라 그걸로 또 누군가에게 새로운 기회를 제공한다. 한마디로 선한 영향력을 세상에 끼치는 거다.

그렇기에 지금 당장 잘하는 게 없다고 실망할 필요는 없다. 지금 당장 힘들다고 슬퍼할 필요도 없다. 이제 시작하면 되니까. 기타 코드를 손이 아프도록 치고, 손가락에 펜 혹이 생기도록 글을 썼기 때문에 오늘의 고정욱도 있다. 그러니 그냥 하면 된다. 나의 무기, 나만의 탁월함을 발견하는 청소년 시기엔 우선 시작하고 보는 거다.

잘하는 게 뭐냐고 누군가 묻는다면 말하라.
지금은 없지만 앞으로 생길 거라고.
그리고 언젠가 멋져질 거라고.

고정욱

일러두기
이 책은 2007년 발간한 《첫 단추》의 원고를 추리고, 고치고, 새로 보강해 오늘날에 어울리도록 심혈을 기울여 다시 만들었습니다.

차례

1장

덕질

치열하게 무언가를 좋아해 본 적 있니? 수집해 보거나 관심을 가진 적은 있어? 부모님은 쓸데없는 일이라고 생각할지도 몰라. 하지만 열성적으로 좋아하는 것을 모으거나 관심 있는 분야를 파고들다 보면 마음이 몽글몽글해지는 걸 경험하게 되지. 그건 행복이야. 요즘엔 덕질이 스펙이 되기도 해. 세상은 이제 공부만 할 줄 아는 바보 말고, 다양한 관심사를 가진 사람을 원해.

나를 아끼는 마음

나는 앉은키가 작단다. 다리는 숏다리지.

어려서 앓은 소아마비 때문인데, 사실 소아마비 장애인이라고 모두 다 나처럼 앉은키가 작거나 다리가 짧은 건 아니야. 키 큰 사람도 있고, 운동을 꾸준히 해서 체력이 좋은 장애인도 있으니까.

내가 이렇게 신체적 조건이나 자세가 나빠진 건, 어린 시절에 나 자신을 함부로 대했기 때문이란다. 재활훈련을 시키려고 부모님은 초등학교도 들어가지 않은 나를 병원에 입

원시키셨어. 그 병원에서 일 년 가까운 시간을 보내고 나서야 겨우 온몸에 브레이스(보조기)를 차고 목발을 짚고 집에 돌아왔지. 인조인간이 된 듯한 나 자신이 신기하기도 하고, 무섭기도 했단다.

그런데 이 브레이스라는 게 몸통을 꽉 조이는, 아주 거창하고 무거운 물건이야. 근육으로 자세를 유지하지 못하니까 외부에서 보호대로 꽉 잡아 주는 거지. 그러니 그동안 자유롭게 뛰놀던 어린 내가 이걸 좋아할 리가 없잖아. 어머니는 꼭 브레이스를 하고 있으라는데 나는 싫다면서 말씀을 안 듣고 그냥 벗어 버리곤 했지. 그리고는 목발만 짚고 돌아다녔어. 당연히 시간이 흐를수록 허리가 점점 더 휠 수밖에⋯.

그런 내 몸이 불안했지만 나는 애써 이렇게 생각했어.

'까짓 거, 어때. 이왕 망가진 몸인데. 나는 다시는 병원 가기 싫어. 그리고 저 브레이스도 안 찰 거야.'

자유롭고 어느 것에도 묶이지 않았던 내 몸이 그리웠어. 남들은 다 그렇게 돌아다니고 자유를 맛보는데 나는 일어서거나 걷기 위해 몸을 무거운 쇳덩이에 묶어야만 한다는 게

싫었거든. 결국 그 브레이스를 지나가던 고물장수에게 엿 바꿔 먹었으니까 말 다 한 거지. 이런 내용은 나의 작품 《대현동 산 1번지 아이들》에 자세히 실려 있어. 내 몸을 함부로 대하며 살다 보니 어느새 내 허리는 휠대로 휘어 버렸지.

병원에 가 봤더니 굽은 허리를 펼 수는 있대. 하지만 대수술을 해야 하고 척추에 핀을 박아 곧게 한 뒤 고정시켜서 6개월은 통깁스를 해야 한댔어. 그런 뒤에 물리치료를 오랜 기간 더 해야 하고. 예상되는 병원비만 해도 수천만 원이었어. 게다가 한동안은 꼼짝 않고 자리에 누워서 간병인의 도움을 받아 대소변을 받아 내야만 한대.

그 이야기를 듣는 순간 나는 수술은 불가능하다고 생각했어. 한 집안의 가장인 내가 누워 있으면 누가 우리 가정을 돌볼 것이며, 글은 어떻게 쓰고, 강연은 또 어떻게 다닌단 말이야.

그런 내 모습을 보고 의사 선생님께서 한마디 하셨지.

"선생님은 왜 자기 자신을 그렇게 내버려 두셨어요? 좀 아끼고 보살피시지."

나는 아무 할 말이 없었어. 진즉에 나 스스로 아끼고 사랑하지 못했기 때문이야. 이제는 후회해도 소용없어. 매일 허리가 아프고 폐활량이 줄어들어 체력이 악해진 게 다 내 탓인 걸 뭐.

그렇다고 내가 나 자신에게 영 관심이 없다는 뜻은 아니야. 어떻게 하면 좀 더 나은 사람이 될까, 무엇이 나를 더 성장케 하나 등, 내 내면에 대한 관심은 그 어느 누구보다 크고 강해. 나 자신은 소중하다는 걸 아니까.

자신을 아끼고 사랑하는 마음은 우리가 사는 세상을 아끼고 사랑하는 마음으로 발전해. 자기 자신을 사랑할 줄 아는 사람만이 남 또한 사랑할 수 있어. 왜냐고? 다른 사람도 자기 자신만큼은 소중히 여긴다는 사실을 잘 알기 때문이지.

그런 의미에서 '나 자신을 향한 덕질'을 한번 해 보라고 추천하고 싶어. 청소년 시기엔 자존감이 높은 친구들도 있지만, 대부분의 친구들은 자기 모습을 마음에 들어 하지 않거든. 남보다 못한 부분들만 돋보이고, 그렇다 보면 '나를 좋아하지 않는 나'를 볼 수 있지.

혹시라도 그런 모습이 네 안에 있다면 오늘부터 나를 향한 덕질을 시작해 봐. 덕질은 누구나 언제 어디서나 할 수 있어. 치열하게 내가 나를 좋아해 보는 거야.

"자신을 사랑하라"는 말은 이기주의자가 되라는 게 결코
아니야. 아인슈타인 이래 최고의 천재 물리학자라고 불리는
스티븐 호킹Stephen William Hawking 박사는 젊은 나이에 루게릭
병을 앓게 되었어. 그건 길어야 몇 년 밖에 살 수 없는 불치
병不治病이야. 호킹은 큰 슬픔과 좌절에 빠질 수밖에 없었지.
그래서 자신을 학대하고 방에 틀어박혀 아무도 만나지 않았
대. 그때 호킹의 나이가 고작 스물한 살이었으니… 그 마음
이 어땠을지 조금은 알 것도 같아.

그렇게 죽을 날만 기다리며 비참해 하던 호킹은 어느 날
삶을 돌아봤어. 아무리 죽을 운명이라지만, 자신의 인생을
너무나 함부로 내버려 두었다는 생각이 든 거야. 그때부터
호킹은 죽기 전까지의 시간을 소중하게 보내기로 결심했지.

자신을 사랑하고, 삶을 소중하게 여겨야겠다고 마음먹은
호킹은 박사 과정에 들어가 열심히 공부를 시작했대. 박사
과정은 오랜 기간이 걸리는데, 호킹은 자신이 몇 년밖에 못
산다는 사실을 알면서도 공부하기로 결정한 거야. 결과는
놀라웠지. 그는 우주 생성 비밀을 밝혀내는 등 뛰어난 업적

을 남겼을 뿐 아니라, 기적처럼 많은 연구를 하고 76세에 세상을 떠났어.

어떠한 역경이 닥쳐도 결국 삶을 헤쳐 나가고 완성해 가는 건 자신의 몫이야. 모든 사람이 부러워하는 환경에서 태어나고 자랐어도 자기 자신을 망치겠다고 독약을 먹고 자살하거나 마약 중독자가 되는 사람이 있어. 그러한 인생의 뒤끝이 얼마나 허탈하고 처참한지 알아? 훌륭하고 아름다운 삶을 사는 것은 자기 자신을 사랑하는 데서부터 시작해.

나는 대학에서 글쓰기 강의를 할 때면 학생들에게 '자서전 리포트'를 받아. 지금까지 어떻게 살아왔는지 스스로의 삶을 돌아보는 글을 써 오라고 하는 거지. 읽어 보면 자신을 사랑하지 않는 학생이 너무나 많다는 것을 알 수 있어. 심지어 중학교 때 이혼한 부모에게 보복하기 위해 자기 인생을 망쳐 버리기로 결심했다는 학생도 있었지. 그 학생은 중학교 때 이미 여러 번 가출한 경험이 있다고 했어.

그 글을 읽고 나는 큰 충격을 받았어. 어떻게 자기 자신을 망치겠다고 마음먹을 수 있을까? 이 세상과 우주는 내가 태어남으로써 의미가 생기는 건데, 내가 죽고 내가 망가지면 이 세상과 이 우주도 망가지는 거 아냐? 그런데 그 소중한 존재인 나 자신을 망치다니, 해서는 안 될 일이지.

나 자신을 아끼고 사랑하는 마음은 남을 아끼는 마음이기도 해. 내가 잘 살면 내 가족은 물론 내 주변 사람들도 함께 행복해지니까.

동양의 대표적 현자인 공자도 다음과 같이 말했어.

"다름 아닌 자신에게 전력을 다하고 충실하라. 자기를 내버려두고 남의 일에 정신이 팔려 있는 사람은 자신의 갈 길을 잃어버린 사람이다."

내일 당장 엄청난 불행, 견딜 수 없는 고통이 오고 이 지구가 멸망해서 인간이라는 종족이 나 하나만 남더라도 어떻게 해서든 살아남아야 해. 절대 자신의 인생을 망쳐서는 안 돼. 모든 사람에게 딱 하나씩만 주어진 생명은 너무나 소중한 것이니까 말이야.

다음 생에도 글을 쓰고파

세상의 들풀 하나, 벌레 한 마리도 다 존재의 의미가 있고 나름대로 세상에 꼭 필요하단다. 사람도 마찬가지지. 이세상에 있는 모든 사람의 삶은 나름대로 의미가 있고 소중해. 프랑스의 도덕주의자 라 로슈코프도 같은 의미의 말을했어.

"하느님께서 이 자연 속에 각종 초목이 자라게 하였듯이 사람에게도 여러 가지 재능의 씨앗을 뿌려 놓았다. 나무에 따라 꽃과 열매가 다르듯이 사람에 따라 다른 성능의 재능이란 씨앗을 가지고 있다. 아무리 좋은 배나무라도 배 말고는 어떤 열매도 맺지 않는다. 어떤 면에선 훌륭한 재능이 또 다른 경우에는 아무런 능력을 발휘하지 못하는 경우가 있다. 남을 모방하는 것은 어리석은 일이다. 작든 크든 그대의 특성을 살리도록 하라."

예전에 중국에 갔을 때, 그 많은 사람이 천한 일이건 귀한 일이건 가리지 않고 열심히 각자의 자리에서 열심히 일하는 모습을 보았어. 나는 그걸 보고 이렇게 생각했어.

'저 많은 사람들의 삶이 자신을 중심으로 움직이고 돌아가는데, 어느 인생을 하찮다 하고, 또 어느 인생을 의미 없다 할 것인가?'

지금은 비록 어리고 평범한 학생이라 할지라도, 각자에겐 분명히 이 세상에 기여할 능력이 있어. 그것이 무엇인지 아직 잘 모를 뿐이란다. 중요한 것은 아무리 사소한 일이라도 소중히 여기며 최선을 다하는 거야.

나는 어려서부터 책 읽기를 제법 좋아했어. 잘은 못 쓰지만 글쓰기도 조금씩 즐겨 했지. 그래서 작가라는 직업을 선택할 수 있었고, 지금까지 포기하지 않고 오래도록 거부감 없이 이 직업을 해낼 수 있는 것 같아. 지금 생각해 보면 글을 쓰거나 책을 읽는 것이 적성에 제법 맞았던 거지.

작가가 되고 싶다는 생각은 대학에 입학한 뒤에 비로소 하게 되었어. 그때부터 열심히 글을 쓰면서 시간을 보냈지. 남들이 당구장이나 술집에 갈 때 나는 내 방에서 단편소설을 구상해서 쓰고 고치곤 했어. 그렇게 훈련한 결과 끊임없이 작품을 발표하는 작가가 될 수 있었지.

가끔 사람들은 "어떻게 그렇게 줄기차게 글을 쓰냐?"고 묻곤 해. 이 자리에서 비밀을 공개하자면, 사실 나에겐 특별한 취미가 없단다. 바둑이나 장기도 둘 줄 모르고, 등산이나 낚시도 못 가고, 그렇다고 술이나 담배를 즐기는 것도 아니니까. 그저 아침에 집필실로 출근해 열심히 글을 쓰다가 집에 돌아와 밥 먹고 식구들과 함께 지내는 것이 생활의 주된 리듬이야.

곰곰이 생각해 보면, 글 쓰는 게 나에겐 매우 큰 즐거움인 것 같아. 글을 쓰고, 쓴 글을 고치고, 이런 글을 쓰면 어떨까, 저런 글을 쓰면 어떨까 궁리하는 일, 그것이 나의 유일한 취미인 거야. 그렇다 보니 일할 때 지겹거나 답답하거나 하기 싫다는 생각이 전혀 안 들어. 요즘 유행하는 말로 '글덕후'라고나 할까.

남들은 한 가지 일을 너무 오래 해서 머리가 아플 때면 취미생활로 머릿속을 맑게 한다더라고. 그게 워라밸°이래.

나는 글 쓰다 머리가 뜨거워지면 다른 글을 쓰면서 식히곤 하지. 가령 동화를 쓰다가, 청소년 소설을 쓰다가, 다시 에세이를 쓰다가 하는 식이야. 그 과정들이 아직까지 싫지 않으니 참 신기하지. 이건 모두 글을 쓰는 것이 일이라는 생각보다 취미라는 생각이 더 강해서인 것 같아.

여기서 네가 얻을 수 있는 포인트 하나! 평생 해도 싫증나지 않는 일을 찾아야만 해. 이게 정말 엄청나게 중요해. 분명히 사람들 각자에겐 아무리 오래 해도 싫증나지 않는 일이 있어. 그걸 잘 찾아보면 돼.

나는 죽는 날까지 500권의 책을 내는 게 목표란다. 불가능해 보일 수도 있지만 나는 방법을 찾았어. 최근엔 인공지능을 활용해서 글을 쓰고 있지. 내 생각과 말을 마이크를 통해 녹음하면 인공지능이 빠르게 텍스트로 변환해 기록해

° '일과 삶의 균형'이라는 의미인 'Work-life balance'의 줄임말.

줘. 덕분에 예전보다 글 쓰는 속도가 엄청나게 빨라졌지. 하지만 500권의 책을 개인이 혼자 출간한다는 건 쉬운 일이 아니란다. 자연스럽게 나이를 먹으면서 초조해질 수밖에 없었어.

'이거 목표 달성 못하면 어쩌지?'

'덜컥 병이라도 걸려서 못하게 되면 큰일인데….'

그런 조바심을 가졌던 나는 어느 날 친하게 지내는 L작가가 페이스북에 올린 글을 보았어. 일본의 어느 승려를 만났는데 "다음 생에 뭐가 되고 싶냐?"고 누군가가 물었대. 그러니까 그 승려가 이렇게 말했다지.

"다음 생에는 한국의 승려로 태어나고 싶습니다."

"아니, 왜요?"

"한국의 승려가 되어 해인사의 《팔만대장경》을 평생 연구하고 싶어요."

나는 큰 감동을 받았단다. '왜 꼭 이번 생에 모든 걸 다 하려고 했을까? 나도 하는 데까지 하다 못하게 되면 하늘나라에 가서 작가가 되어서 글을 또 쓰면 되는걸.'

그렇게 마음먹으니 여유로워졌단다. 이 길을 지금까지 해왔던 것처럼 계속 열심히 하면 되는 거니까. 없던 세계를 만들어 내는 창의적인 직업인 작가, 너무 좋잖아!

최근엔 창의적인 직업이 정말 많단다. 너희들은 게임 시나리오 작가가 될 수도 있고, 유튜브 크리에이터가 될 수도 있고, 예술가가 될 수도 있어. 어디 그뿐이야? 미용사만 해도 사람뿐만 아니라 애견 미용사도 있잖아. 그러니 어느 분야든 관심과 애정을 잃지 않고 틈틈이 시간을 내서 봉사나 견학 같은 활동을 꾸준히 한다면 길은 얼마든지 열려 있단다. 분명히 적성에 맞는 즐거운 일을 찾아낼 수 있을 거야.

"굼벵이도 구르는 재주가 있다"고들 하잖아. 생각해 보면 정말 재미있는 말이야. 나에게는 어떤 재주가 있는지 생각해 봐. 그 재주로 굼벵이처럼 느리더라도 꾸준히 평생 내 길을 가면 돼. 변화가 오면 어쩌냐고? 그러면 새로운 변화의 물결에 올라타서 또 가 보면 돼.

그런데 아무리 생각해 봐도 떠오르는 별다른 재주가 없다고? 그러면 자신이 뭘 좋아하는지 생각해 보렴. 좋아하는 게 재주일 가능성이 있으니까. 좋아하는 걸 계속 좋아하다 보면 내가 갈 길도 찾을 수 있을 거야. 오래도록 싫증 내지 않고 갈 수 있는 길 말이야.

　　그리고 내가 살아 보니, 재주는 언제든지 새롭게 생겨나기도 해. 지금 당장 잘하는 게 없고, 좋아하는 게 없어도 끝까지 희망을 놓지 마.

좋아하는 일이 직업 되고

"선생님, 제가 지금 책을 쓰고 있는데요."

후배 작가 한 사람이 찾아와 열정적으로 이야기를 하더구나. 자기가 작가가 되었는데, 나를 롤모델로 삼아 열심히 책을 쓴다는 거야. 그러면서 다양한 분야에 대한 관심사를 나에게 쏟아내는데, 마치 과거의 나를 보는 것 같았어. 작가가되어서 글 써서 먹고살겠다며 말하는, 지금 하는 일에 푹 젖어 있는 그 모습이 보기가 좋더라고.

"베이비붐 세대들은 부모들에게 열심히 일하고 성실히

돈을 모으면 부자가 된다는 걸 배웠지만요, 두 가지를 못 배웠어요."

그가 아주 진지하게 문제 제기를 하는 거야.

"그 두 가지가 뭐죠?"

"나눔과 투자를 못 배웠어요. 누군가와 자신이 가진 걸 공유하면서 나눌 생각을 하지 못했고요. 돈이 돈을 버는 건데 선진 금융 기법 같은 것을 모르니까 부동산으로만 다들 몰려 가서 가격을 올리고 있는 겁니다."

'나눔'과 '투자'라니. 멋진 말이었어. 나는 그의 말을 재빨리 메모장에 옮겨 적었지. 나는 늘 메모하는 습관이 있거든. 그리고 그의 이야기를 다른 글을 쓸 때 써먹었어.

얼마 후에 그는 자기가 했던 말이 내 글에 인용되어 있는 걸 보고서는 조금 놀란 얼굴이었어.

"선생님, 제 걸 쓰셨네요?"

"하하하! 후배 작가 말이 좋아서 내가 바로 써먹었어. 미안해."

하지만 후배 작가는 기분 나쁜 표정은 아니었어. 자기 이야기가 선배에게 공감을 얻었다고 생각했기 때문인가 봐.

나는 이렇게 남이 좋은 말을 해 주는 걸 듣거나 좋은 글귀를 보게 되면 미친 듯이 수집한단다. 내 방에는 엄청난 양의 메모 수첩이 있어. 그것은 다 내가 글을 읽거나 남과 대화하거나, 또는 경험하거나 들은 사건 등에서 얻은 문장이나 그때의 느낌, 그리고 에피소드를 적은 메모들이야. 모두 내 문학의 원천이라고 할 수 있지.

어디 가서 맛있는 음식을 보면 먹고 싶다는 생각은 별로 안 드는데, 누가 멋진 말을 하면 저 문장을 잘 갈고 다듬어 내 걸로 만들고야 말겠다는 생각은 들어.

그렇다고 내가 남의 것을 마구 표절한다는 의미는 아니야. 누군가의 깨달음을 공유하고 조금이라도 더 지혜로워지고 싶어서 하는 노력 중 하나인 거지. 좀 더 성장하는 방법이라고나 할까? 아니, 한마디로 말과 글에 미쳤다고나 할까?

세상에는 이렇게 한 분야에 빠져 있는 사람들이 많단다. 나는 새로운 말과 글에 미쳐 있다고 할 수 있겠지.

한번은 내가 아는 지인의 출판사에서 인쇄 사고가 났어. 책 한 페이지를 잘못 인쇄한 거야. 수천 권의 책이 이미 제본까지 다 되어서 출고를 앞둔 상태였는데, 그 한 페이지 때문에 책을 전부 버려야 하는 상황이 벌어진 거지. 전국에 있는 인쇄소, 제본소에 의뢰한 결과 전문가 한 사람이 나타났어. 나이가 중년인 여자인데 어깨가 굽어 있고 안경을 쓴 모습이 전형적인 편집자의 모습이었어. 그분이 책을 다 고쳐 주겠다는 거야. 잘못 인쇄된 책을 고치다니….

그 솜씨는 정말 놀라웠어. 프로답게 옆에서 한 사람이 망가진 페이지를 펼쳐 주니까 자를 대고 면도날로 종이 한 장을 잘라내는 거야. 잘라낸 자리에 새로 인쇄한 종이를 정확하게 맞춰서 끼운 뒤 풀로 붙여서 책을 수리했어. 일반인이 보면 절대 그 책에 문제가 있는지 알 수 없을 정도로 깔끔하게 책을 고쳐 만들어 내는 것을 보고 그 출판사 사장이 놀랐지.

"아니, 어떻게 이렇게 잘하십니까?"

"저 원래 편집자였어요. 책이 좋아서 평생 책을 만들다가 어느 날 사고가 나는 걸 보고 너무 속상해서 고쳐 봐야 되겠다 생각해서 칼을 잡았는데, 이렇게 20년간 칼잡이가 됐답니다. 호호호!"

좋아하는 책을 만드는 경험이 쌓인, 책밖에 모르는 여인이 어느 순간 사고 난 책을 수리해 주는 사람이 된 거야. 떠나면서 그분이 더 기가 막힌 이야기를 하고 갔대.

"사전같이 얇은 종이로 만든 책도 제가 수리하면 감쪽같아요."

얇은 사전 종이를 원하는 장수대로 감으로 잘라내고 거기에 새로운 종이를 끼워 넣어서 말끔하게 수리한다는 말을 듣고, 전문가의 경지라는 것은 한계가 없다는 걸 느꼈어.

나는 가끔 각 분야의 전문가들을 만나면 정말 깜짝 놀랄 때가 많아. 그들은 감탄을 자아낼 정도로 아름답게 일처리를 해내지. 어떻게 그렇게 일을 잘하느냐고 물어 보면 그 일에 미쳐 있기 때문이라는 거야. 그런 사람들은 나이가 들어도 존경받고 어디서든지 찾는 사람이 되고 있어. 정년이 없고, 자신의 몸값을 자신이 스스로 정하지.

나도 운명의 장난으로 작가가 되었지만 어느새 40년간 말과 글과 책에 미쳐 있다 보니 이제는 여기저기 출판사에서 원고를 달라고 찾아오게 되었어. 내가 책에 미쳐 있지 않았다면 이런 기쁨과 보람을 어떻게 느끼겠어?

지금도 나는 좋은 말과 글, 그리고 새로운 이야기에 미쳐서 사냥하러 다니는 '스토리 헌터'의 삶을 살고 있단다. 너는 무엇에 미쳐 있니?

워라밸과 명품

어느 날 나의 멘티 J에게서 전화가 왔어.

"선생님, 댁에 계십니까? 식사 한번 모시고 싶습니다."

그는 우리 집 가까운 곳에 있는 K대학교를 졸업한 직장인이지. 그의 전화를 받고 나는 흐뭇하고 기뻤어. 녀석을 처음 만났을 때 생각이 떠올랐기 때문이야.

오래 전 내가 강연 프로그램인 〈세바시〉에 출연했을 때, 얼굴에 여드름이 드글드글한 J가 나를 찾아왔었어.

"안녕하십니까? 저는 막노동을 하는 대학생입니다."

사연을 들어 보니, 녀석은 군대를 다녀와서 세상을 잘 모른 채 다단계 판매 조직에 끌려 들어갔다가 간신히 빠져나왔더라고. 거기에서 빚진 것을 막노동으로 이자라도 갚는 중이었지. 우연인지 필연인지 녀석은 우리 동네에 살고 있었어.

"다음 주에 동네에서 만나자."

자기계발에 관심이 많은 학생이고 군대도 다녀봐서인지 말귀를 금세 알아들었어. 그렇게 갑작스레 멘토링이 시작되었고, 그 기간 동안 J는 복학한 뒤 자신의 경험을 바탕으로 다단계 빠지지 않는 캠페인을 벌이기도 하고, 영국에 수 개월간 장기 아르바이트를 하러 갔다 온 덕분에 영어 실력을 키웠지. J는 졸업한 뒤엔 취직을 꼭 해야만 했어. 그때 J는 나에게 심각한 고민 하나를 털어놓았단다.

"선생님, 저는 공장에는 다니기 싫어요. 거긴 워라밸이 안돼요."

나는 녀석에게서 그때 처음 '워라밸'이란 단어를 들었단다. 알고 보니 일Work과 생활Life이 조화를 이루는 삶을 뜻하는 거였어. 한마디로 한 번뿐인 인생을 즐겁게 살다 가겠다는 뜻이었지.

"전자과를 나온 네가 공장이 아니면 어디를 간다고?"

"대기업에 가고 싶어요. 워라밸이 좋으니까요."

개개인의 생각은 존중하지만 당시 J는 워라밸을 따질 처지가 아니었단다. 어려운 가정 형편에, 장학금을 받지 않으면 학교를 다닐 수 없는데 취직을 앞두고 배부른 소리를 한다 싶었지. 그 순간이야말로 제대로 된 멘토링이 필요했어.

"너는 왜 공장이 싫은 거야?"

"공장은 24시간 돌아가야 되니까 밤낮 구분 없이 불규칙하게 삼교대를 해야 해요. 업무 강도도 너무 높고, 워라밸이 불가능해요."

한마디로 제조업 생산 공장에 다니면 밤이고 낮이고 불규칙하게 업무를 하니까 싫다는 거였지. 나는 생각을 바꿔 주기로 했단다.

"일할 땐 힘들어도 퇴근하고 나면 오히려 시간이 며칠씩 주어지잖아? 그 시간에 보람 있는 일을 하면 되는데 왜 싫다고만 하니? 그리고 너는 프로그램을 관리하는 일 하잖아. 기계에 문제가 생기면 손봐 주고. 그 정도 업무 강도야 젊고 건강한 네게 뭐가 문제겠어."

J가 취직하려는 공장은 우리가 흔히 아는 3D 업종이 아니

었어. 반도체와 관련된 필수 장비를 제작해서 납품 및 관리하는 큰 회사였지. 반도체 설계 기판을 만드는 세계 최고의 기술을 가진, 다국적 기업인 네덜란드 회사야. 내실 있는 실력으로 압도적인 점유율을 지니고 있기에 미국이 중국에 그들이 만든 기계를 팔지 말라고 압력을 넣을 정도로 세계적인 영향력까지 갖추고 있었지.

J는 나의 조언을 듣고는 조금 더 고민하다가 그 회사에 입사했어.

매일 바쁘게 강연 일정을 쪼개어 다니면서 그 사이에 원고를 쓰고 주말에도 일하는 모습을 보고 나에게 사람들이 가끔 묻곤 해.

"선생님은 왜 안 노세요?"

"놀아요?"

"네, 좀 쉬세요. 쉬셔도 돼요. 인생 뭐 있어요?"

수없이 듣는 이야기란다. 나를 위해 주는 좋은 말이라는 걸 알아. 사람이 쉴 땐 쉬어야 한다는 것도 잘 알고.

그러나 나는 아직 명작을 만들지 못했어. 마스터피스

masterpiece, 다시 말해 불후의 명작을 쓰는 것이 나의 소원이야. 명작은 절대 워라밸을 고집해서는 만들 수 없어. 쉬다가 놀다가 잠시 일하다 보니 명작이 탄생했다는 이야기를 나는 들어 본 적이 없어. 링컨의 다음 말이 나의 심정을 잘 보여 주지.

"나는 내가 할 수 있는 한의 최선의 것, 내가 아는 한의 최선의 것을 실행하고 또한 언제나 그러한 상태를 지속시키려고 한다."

괴테의 《파우스트》도 50년이나 걸렸고, 박경리 작가가 지은 《토지》는 1969년부터 집필에 들어가 1994년에야 완성했단다. 명작이란 이런 거란다. 우뚝 서기 위해서는 남보다 높이 딛고 올라가야 하고, 또 거기에서 까치발을 더 들어야 하지. 남들처럼 해서야 어떻게 명작을 만들어 내겠어.

그 뒤에 J는 직장 생활을 하다가 영국에서 만난 홍콩 아가씨와 결혼해 안정된 가정을 꾸렸어. 나의 멘토링 덕분만은 아니겠지만, 현실적인 판단으로 내린 결정이 주효했지. 부모님의 신세를 지지 않고 회사 근처에 집도 장만했다고 해.

열심히 살아가는 모습이 얼마나 대견한지 몰라.

한번은 J가 대접하는 식사를 하면서 내가 물었단다.

"J야, 회사 들어가서 워라밸 없이 뛰니까 불만 있니?"

"아닙니다. 선생님, 너무 좋습니다. 저 곧 승진도 합니다."

멘티가 자신 있게 살아가는 모습은 정말 보기 좋은 것이란다. 나도 부끄럽지 않은 스승이 되기 위해 노력하고 있지. 나의 삶을 명품으로 만들겠다고 결정했다면 대가를 지불해야 한단다. 설렁설렁해서는 안 돼. 내가 하는 일에 미쳐야 하는 거야.

내 작품에 꼭 담는 것 세 가지

"선생님은 작품 쓸 때 무엇을 가장 중요하게 여기세요?"

똑똑하게 생긴 여학생이 강연 중에 나에게 질문을 했단다.

"나의 영업 비밀을 말하라는 건가?"

어이없다는 듯 과장된 표정과 제스처를 취한 내 재치 있는 대답에 아이들은 까르르 웃었어.

사실 그 여학생은 어른들보다 더 날카로운 좋은 질문을 한 거란다. 작가가 어떤 가치관을 가지고 작품을 쓰나 꿰뚫어 보는 질문이지.

나는 이내 표정을 가다듬고 생각해 보았어. '나는 과연 작품에 어떤 요소를 담는가?'

어린 시절부터 책에 빠져 살았던 나 자신을 돌이켜 보았단다. 밥 먹는 것보다 책 읽는 걸 좋아했지. 어렸을 때 '어린이회관'이 문을 열자 방문한 적이 있었어. 남산에 지금도 그 건물이 남아 있단다. 하얀색 뾰족한 건물 머리 위에 둥그런 회전 전망대가 있는, 당시로서는 파격적인 건물이었지. 그곳은 엘리베이터를 타고 꼭대기 층까지 올라가서 아래층으로 내려오면서 각 층마다 들어가 테마를 즐기게 꾸며져 있었어. 부모님을 졸라서 어린이회관이 개관하는 날에 방문한 나는 꼭대기 층에서부터 과학실, 게임실, 우주실 등을 체험하고 내려오다 중간층에 도서관이 있는 걸 보았단다.

그런데 놀랍게도 도서관을 이용하는 어린이가 한 명도 없었어. 관람하러 온 아이들에게 도서관은 흥미를 끌지 못했던 거지. 아버지는 몸이 불편한 나를 안고 구경시켜 주고 있었거든. 나는 아버지에게 말했어.

"아빠, 나 여기 내려 주세요. 여기서 책 읽고 있을래요."

체험하러 와서 책을 읽겠다니, 지금 생각하면 어린아이

같지 않은 모습이 우습지만, 나는 그 정도로 책을 좋아했단다. 그때 우리 집에 와서 살림을 도와주던 사촌누나는 지금도 얘기하지.

"정욱이 너는 늘 손에 책을 들고 있었어. 다른 책도 아니고, 오로지 소설책하고 동화책만 읽었어."

내가 책을 그렇게까지 좋아한 이유는 재미있기 때문이지. 그 재미를 맛보려고 몇 번씩 읽고 또 읽었어. 반복 독서를 한 거야. 현재 작가가 되어서 느끼는 가장 큰 보람은 뭐니뭐니 해도 재미있는 이야기를 만들어 이 세상 어딘가에 있을 '책을 좋아하는 작은 정욱이들'에게 선물을 주는 거란다. 어린이와 청소년들에게 재밌는 이야기를 해 주는 게 작가인 내 사명이라고 생각해.

그래서 나는 지금도 재미에 목숨을 건단다. 언젠가 전방에 위치한 부대에 강연을 갔더니 탱크를 타 보겠느냐고 묻는 거야. 나는 무조건 해 본다고 했어. 이유는 재미있을 것 같으니까. 그리고 새로운 걸 경험해 보고 싶으니까. 내게 다리가 불편한 건 아무런 문제가 되지 않아.

재미를 추구하는 마음은 인간만이 가진 것이란다. 재미를 통해서 사람은 성장하고, 새로운 사실을 터득하는 거지. 내 작품에 꼭 담는 것 제1의 요소는 재미란다.

제2요소는 교훈이야. 나는 살아오면서 책에서 배운 게 정말 많아. 나는 어릴 적엔 이기적이라는 말을 간혹 듣기도 했었는데, 나 자신에게 집중하다 보니 처음 만나는 사람에게 그런 오해를 받기도 했어. 하지만 그것이 나쁜 것만은 아니었어. 오히려 나를 지키고 보호하는 방법이 될 때가 더 많았거든. 책에 나오는 등장인물들을 보면, 결국 자신을 중요하게 여기지 않고 자신을 지켜내지 못할 경우에 목숨을 잃거나 무의미한 삶을 살게 되잖아. 어떤 사람도 나에게 자신을 잘 지키라든가, 남에게 무시당하지 말라는 이야기를 해준 적이 없어. 나 스스로 책을 통해 느끼고 깨달아 알게 된 거지.

그리고 책 속의 주인공들은 다들 고난을 겪지만 그들은 절대 포기하거나 좌절하지 않아. 머리를 쓰고 방법을 찾아내 마침내 성공시키지. 그러면서 그들은 나에게 교훈을 주는 거야. "스스로 강해져라", "부정적인 생각은 버려라."

그런 교훈이 나를 이끌었다고 해도 과언이 아니야. 살면서 아직까지 큰 실수하지 않고 남들에게 피해 주지 않고 여기까지 올 수 있었던 건 책 속의 수많은 스승들이 나에게 준

가르침 덕분이란다. 그런 교훈을 나도 내가 쓰는 책에 담고 싶어.

좋은 책을 읽고 나면 사람들은 이야기하지. 알맹이가 있다, 뭔가 남는다, 돈이 아깝지 않다…. 이 말은 다시 말해 교훈이 있다는 거야.

마지막 제3요소는 감동이야. 책을 읽으면서 가슴이 뭉클해지거나 눈물을 펑펑 흘린 적이 정말 많아. 그럴 땐 빨간펜을 들어서 해당하는 문장에 밑줄을 긋기도 하지. 글은 재미와 교훈만으론 부족해. 울컥하는 감동을 줘야 한단다. 나는 책을 읽으면서 눈물을 흘렸고, 책을 읽으면서 가슴 뿌듯해하기도 했고, 책을 읽으면서 너무 기뻐서 펄쩍펄쩍 뛰기도 했어. 톰소여가 동굴에서 살아남은 장면, 보물섬에서 수많은 보물을 차지하는 장면, 그리고 《레미》의 비탈리스 할아버지나 《레미제라블》의 장발장이 모든 것을 남을 위해 바치고 희생하는 장면에서 감동을 받았단다. 작가로서 이런 감동을 독자들에게 전해 줄 수 있다면 그보다 더 큰 기쁨은 없는 거지.

어떨 땐 작품을 쓰다가 울기도 한단다. 내 작품에 내가 빠져서 눈물을 흘리는 거지. 그럴 땐 속으로 생각해. '이야, 이 작품은 정말 대박이다. 내가 감동받을 정도라니!' 글쓴이도 감동하지 않으면서 독자를 감동시킬 수는 없는 법이잖아? 내 작품에 내가 쏙 빠져드는 거야.

내 작품 속에 이 세 가지를 담게 된 것은 오로지 평생 책을 읽고 책을 사랑하며, 이야기를 좋아하고 책으로 성장했기 때문에 가능해진 거란다.

강연장에서 만난 여학생의 질문 덕분에 나는 내가 얼마나 책을 좋아했는지, 그리고 이 직업을 갖게 되어 얼마나 기쁜지, 그로 인해서 얼마나 큰 사랑을 받고 있는지를 알게 되었단다. 참 고마운 일이야.

2장

오지랖

남의 일에 간섭하길 좋아하는 사람을 보면 '오지랖이 넓다'고 이야기하는데. 원래 오지랖은 '겉옷의 앞자락'을 말한다. 좋은 의미로 생각하면, 감싸는 폭이 넓다는 것을 뜻하기도 하지. 이러저런 일에 관심을 갖고 참견하거나 의견 내는 사람을 오지랖이 넓다고 말하기도 해. '나'만 생각하기보다는 '우리'를 생각하는 마음의 크기가 커지면 어떨까?

밝은 빛을 좇는 사람

이 세상에는 빛과 어둠이 있어. 밝은 곳이 있으면 어두운 곳이 있듯이, 양지와 음지로 나뉘지.

신기한 건, 사람에게는 누구나 밝은 곳을 향해 나아가고자 하는 본능이 있다는 점이란다. 그래서 성경에도 "태초에 빛이 있었다"라는 말이 나오는지 몰라. 어둠과 혼돈 속에서 한 줄기 빛은 그곳을 향해 사람들을 끌어당기는 흡인력이 있는 법이거든.

인생에 있어서도 마찬가지야. 사람이 살다 보면 밝은 면,

어두운 면이 번갈아 교차되면서 기쁜 일이 생겼다가도 슬픈 일이 닥치곤 하지. 하지만 중요한 것은 밝음과 어두움 중에서 어느 쪽으로 갈 것인지를 내가 스스로 결정할 수 있다는 점이지.

살다 보면 너무 힘들어서 어떠한 것에 중독되어 현실도피를 하거나 자살을 생각하는 경우들이 있어. 어떤 사람은 그것이 개인의 자유의지이기 때문에 남이 이래라저래라 할 수 없는 문제라고 말하기도 해. 인간의 삶은 매순간 스스로 선택한 길을 걷는 거니까. 철학자 버트런드 러셀Bertrand Russell도 이렇게 말했지.

"참을성이 적은 사람은 그만큼 인생에 있어서 약하다. 한 줄기의 샘이 굳은 땅을 헤치고 솟아나오듯 참고 견디는 힘이 마침내 광명을 얻게 한다. 하나의 어려운 일을 참고 극복하면, 강한 힘의 소유자가 된다. 고난과 장애물은 언제나 새로운 힘의 근원이다. 그러므로 고난과 장애물 앞에서 결코 낙심하지 말자. 오히려 그것을 딛고 일어서서 더 멀리 바라보자. 그것을 발판으로 삼아 더 멀리 뛰자."

인생에 빛과 어둠이 있을 때 밝은 빛을 따라갔으면 좋겠어. 예를 들면 못된 친구들이 다가와서 남의 물건을 훔치자, 누구를 때려 주자, 혹은 다른 못된 짓을 하자고 유혹하면 그것이 너의 인생을 밝은 빛으로 이끄는 제안인지, 어두운 곳으로 이끄는 것인지 잘 판단해야 해. 학교에 근무하는 선생님께 들은 이야기인데, 사고를 일으킨 학생들에게 부모님을 모셔 오라고 하면 다들 오자마자 이렇게 말씀하신대.

"우리 애는 원래 착한 앤데 친구를 잘못 사귀어서 그래요."
"순진한 애를 아무개가 꼬드겨서 그런 거예요."

자녀를 변호하려는 부모님의 안타까운 마음은 충분히 이해되지만, 청소년 정도가 되었다면 옳고 그름의 판단 정도는 충분히 할 수 있어. 나쁜 행동인지 아닌지는 유치원생 아이도 웬만한 건 다 아니까. 감옥에 갇힌 범죄자들 역시 마찬가지야. 그런데도 그들은 이렇게 변명하지.
"어두운 길인 줄 알고, 죄짓는 길인 줄 알고, 남에게 피해 주는 줄 알지만 어쩔 수 없이 그렇게 됐다."

밝음은 더 큰 밝음으로 인도하고, 어둠은 더 깊은 어둠으로 인도하는 것이 세상 이치 같아. 그렇기 때문에 어느 것이 밝은 빛을 향하는 길인지 곰곰이 생각하고 행동했으면 좋겠어. 밝은 빛을 향해 나아가야만 내가 다른 사람의 빛이 되어줄 수 있고, 스스로 빛을 발할 수 있단다. 어둠도 마찬가지야. 어둠의 길을 걸으면 스스로 어두워지는 건 물론, 남의 빛을 빨아들이고 타인까지 어둡게 만들 수 있어.

빛이 되어 주변 사람들의 일에 관여하고 긍정적인 영향을 주는 건 다른 말로 '긍정적 오지랖'이라고 해. 오지랖이 넓다는 평을 받는 사람들, 이른바 '오지라퍼'들 가운데 악인은 별로 없어. 남의 일이 자기 일 같고, 자신의 빛을 남에게 전해주고 싶어서 하는 행동들이니까. 긍정적인 오지랖은 참견과는 완전히 달라. 실질적으로 아무런 도움이 안 되는 참견은 누구에게도 환영을 못 받지.

회사원이었던 스위스 사람 장 앙리 뒤낭Jean Henri Dunant은 알제리에서 근무했어. 그때 프랑스와 오스트리아 사이엔 전쟁이 일어났는데, 매일 수많은 부상병이 쏟아져 나왔지. 하지만 그런 부상병까지도 잔인하게 죽이는 게 당시의 전쟁

방식이었단다. 그런 끔찍한 모습을 보고 충격을 받은 뒤낭
은 전쟁에 오지랖을 발휘하기로 했어. 자원 봉사자로 참여
해 환자들을 보호하고 그들이 치료받을 수 있게 해 주었지.

　마침내 전쟁이 끝나자 프랑스군은 이탈리아나 오스트리
아의 다친 포로들을 더는 치료해 주지 않으려고 했어. 그동
안 힘들게 치료해 살려낸 병사들이 죽어가는 걸 본 뒤낭은
강력하게 항의했지.

　"부상당한 병사들은 아무 죄가 없다. 저대로 죽게 놔 둘
수는 없다."

　그건 누가 봐도 정당한 말이었고, 분명히 인간으로서 옳
은 길, 빛을 향해 나아가는 길이었어. 아무도 관심 주지 않는
포로를 걱정하고 그들을 위해 나선 뒤낭의 용기와 노력은
많은 사람의 동조를 얻었어. 오늘날의 적십자라는 단체가
이렇게 생겨난 거야.

　적십자는 부상자를 돌보는 초국가적인 구호 단체야. 오늘
날엔 전 세계 186개국에서 9천7백만 명 가량의 자원봉사자
가 활동 중이지. 지금도 전시 상황에서는 포로와 민간인을
보호하고, 평시에는 건강 증진, 질병 예방, 재해 구제 등의
사업을 하고 있어.

친절함이 필요한 까닭

친절한 사람을 만나면 기분이 좋아지지. 최근엔 관공서는 물론이고 은행이나 식당에서도 친절을 매우 중시하고 있어.

"친절히 모시겠습니다.
저희 ○○기관은 고객을 왕으로 대합니다."

기업들도 회사 이미지는 물론 매출과도 연관되다 보니 서비스를 중요시하는 게 요즘 추세라고 할 수 있지. 그렇다 보니 친절이 서비스업에 종사하는 사람들에게나 필요한 미덕으로 생각하는 경향이 있는데, 이는 아주 잘못된 생각이란다. 친절은 우리 모두에게 필요한 거야.

우리는 친절한 사람이 되려는 노력을 끊임없이 해야 해. 친절이야말로 삶을 더욱더 즐겁고 풍성하게 만들지. 친절은 상대방이 아니라 친절을 베푸는 나 자신을 위한 것이기도 해. 내가 남을 배려하는 사람임을 스스로 확인하고 거기서 나오는 만족함과 기쁨을 느낄 수 있기 때문이야.

늘 휠체어를 타고 다니니까 사람들이 그런 나를 보고 친절하게 다가와 "도움이 필요하신가요?" 하고 묻는 경우가 가끔 있어. 처음 가는 곳이나 익숙지 않은 일을 할 때는 물론 도움이 고맙지. 하지만 장애인이라고 무조건 도움이 필요한 건 아니야. 나 혼자서 해야 할 일도 있고, 도움을 원하지 않는 상황도 있으니까 말이야. 혼자 할 수 있는 일에도 남의 도움이나 호의를 기대하는 건 비루한 습성이 될 수 있다고 나는 생각하거든. 옛날에도 이런 걸 경계하는 철학자가 있었단다.

"그릇이 큰 사람은 남에게 호의와 친절을 베푸는 것을 자신의 기쁨으로 삼는다. 그리고 자신이 남에게 의지하고 남의 호의 받은 것을 부끄럽게 생각한다. 즉, 내가 남에게 베푸는 친절은 그만큼 자신이 그 사람보다 낫다는 얘기가 되지만, 남의 친절을 바라고 남의 호의를 받는 것은 그만큼 내가 그 사람보다 못하다는 의미가 되는 까닭이다."

고대 아테네의 철학자 아리스토텔레스의 말인데, 오늘날에도 딱 들어맞아. 그릇이 큰 사람은 친절을 상대에게 요구하기보다는 베푸는 즐거움을 알지.

내 친구 중에도 친절이 몸에 밴 사람이 있어. 그 친구는 사람들을 만나면 항상 웃는 얼굴로 자상하게 이것저것 물어보면서 부드럽고 친절하게 이야기를 나누지. 그 덕분에 그 친구와 함께 가면 음식점이나 가게에서 생각지도 않은 서비스를 받곤 해. 사장님이나 종업원이 오지랖 넓은 그를 보면 기분이 좋아지는 거야.

그에 비해 나는 다소 무뚝뚝해서인지 그런 서비스나 친절을 별로 받지 못해. 하지만 물론 내게도 장점은 있지. 감정의 개입 없이 일처리 하나만큼은 정말 확실하다는 평가를 듣거든. 그렇다 보니 누구에게든 신뢰감을 줄 수 있어. 웬만해서는 실수도 하지 않고 말이야.

그렇지만 남에게 친절을 베풀고 다정하게 대하는 것이 나는 더 낫다고 생각해. 만약 세상에 삭막하고 딱딱한 사람들만 넘쳐난다면 얼마나 살기 힘들겠어? 남에게 관심을 가지고 베푸는 친절한 오지랖은 어떤 사람에겐 매우 고마운 일이거든.

정밀하고 명확한 결과를 얻어내야 할 일들은 앞으론 인공지능이 다 맡아서 하게 될 거야. 그러니까 너무 완벽한 사람이 되려고 애쓸 필요 없어. 지레 실수할까 봐 긴장해서 경직될 필요도 없다는 거야.

한국 사람들은 너무 표정이 없고 퉁명스럽다는 말을 외국 사람들에게 종종 들어. 영어 울렁증 때문이기도 하겠지만, 사실 나부터도 낯선 사람에겐 미소가 쉽게 나오지 않긴 해. 어렸을 때부터 웃는 표정이 습관되어 있지 않아서일 거야.

요즘은 다 스마트폰을 가지고 다니니까 사진 찍을 일이 더 많아진 것 같아. 나도 사인회를 가든지 어떤 모임에 가면 기념사진을 찍을 일이 생기곤 하지. 그런데 찍은 사진마다 뚱한 얼굴 표정인 사람들이 있어. 그럼 나는 그에게 권하곤

하지.

"선생님, 좀 웃으세요."

"웃으면서 사진 찍은 적이 없어서 익숙지 않아 그럽니다."

이런 대답을 들으면 안타까워. 얼마나 세상에 경계심을 품고 살아왔기에 저럴까 싶어. 세상은 아주 안전한 곳은 아니지만, 그렇다고 매순간 위험하거나 무서운 곳도 아닌데 말이야.

친절하다는 건, 상대를 대하는 태도가 정겹고 고분고분한 것을 말해. 특히 웃음을 장착한 친절은 좋은 전략이라고 생각해. 훌륭한 무기가 될 수도 있거든. 친절한 사람에겐 다가가고 싶은 마음이 들고, 도와주고 싶은 마음이 들고, 상냥한 태도 때문에 친해지고 싶은 마음이 들거든.

불친절한 사람의 충고와 간섭은 불쾌할 뿐이야. 상대를 가르치려 들거나 무시하는 것처럼 보일 수 있고, 예의 바르지 못한 사람으로 보이기도 해. 아무리 선한 마음으로 도움을 주고자 해도, 상대가 거부하면서 받아들이지 않을 수도 있고 말이야. 그래서 선한 영향력을 발휘하는 오지라퍼가 되고 싶다면 친절한 말씨와 행동을 먼저 익히는 게 좋아.

남을 도울 때는 내 일처럼 힘껏

나는 비장애인과 다름없이 살고 있다고 늘 강조해. 혼자 강연도 갈 수 있고, 누구의 도움도 없이 작가가 되어 글을 쓰고 일을 하니까.

하지만 자세히 되돌아보면 기차에 오르고 내리는 거라든가, 서점에 자료를 수집하러 가서 북마스터에게 책의 위치를 묻는다든가 하면서 끊임없이 누군가의 도움을 크건 작건 받고 있는 게 사실이야. 그렇다 보니 남의 도움을 받는 사람의 입장에서 여러 가지를 생각하게 돼. 나를 도와주는 사람들의 행동을 살펴보게 되는 거야.

물론 남을 돕는다는 게 쉬운 일이 아니지. 무척 훌륭한 일이야. 하지만 어떤 마음을 가지고 돕느냐에 따라 전혀 다른 결과가 나오기도 해.

내가 고등학생 때의 이야기야. 친한 친구들과 함께 집에서 공부하고 있었고, 아버지께서는 다른 방에서 도배를 하고 계셨어. 친구들은 공부를 마친 뒤 아버지를 돕기 시작했지. 벽지에 풀을 바르고 솔로 벽을 쓸어 붙이는 공동 작업이 우리 집 마루에서 벌어진 거야. 나는 옆에서 구경만 했어. 내가 도울 수 있는 일이 아니었거든.

그 중 친한 친구 K가 손이랑 옷이랑 여기저기 풀이 묻는 것도 아랑곳하지 않고 마치 자기 집을 도배하는 것처럼 정말 열심히 아버지를 돕는 거야. 내 가방을 2년간 들어준 친구지. 그 친구의 이야기를 쓴 게 《가방 들어주는 아이》였으니까, 그의 성품은 더 길게 말할 필요도 없을 정도지.

하지만 또 다른 친구 C는 성의 없이 그저 일하는 시늉만 했어. 그러면서 열심히 일하는 K에게 속삭이는 거야.

"왜 남의 일에 그렇게 열심이냐?"

그러자 열심히 일하던 K가 대답하는 거야.

"이왕 하는 거 열심히, 그리고 재미있게 하는 게 좋지 않냐?"

이 두 사람의 대화가 각자의 인생관을 엿보게 하지. 나는 물론 성실하게 도와주었던 K와 지금도 만나며 우정을 나누고 있어.

계산하길 좋아하는 사람들의 눈에 보기엔 남의 집 일에 열심을 다하는 건 어리석어 보일지도 몰라. 나를 위한 일에 시간을 더 쏟는 것이 보다 지혜로운 행동으로 여겨질 수 있지. 타인의 일에 발 벗고 나서는 것이 실속 없는 짓으로 보이니까. 그래서 어떤 부모님들은 자녀들에게 손해 보는 짓은 하지 말라고 가르치기도 해.

하지만 그건 잘못된 생각이야. 남을 도울 때는 내 일처럼 적극적으로, 진심을 다해야 해. 그게 진짜 돕는 거야. 내키지 않은데 억지로 어쩔 수 없이 돕는 건 가짜란다. 마지못해 하는데 어느 누가 고마움을 느끼겠어. 가짜 명품을 진짜인 것처럼 선물하는데 기뻐할 사람은 하나도 없잖아.

경험해 보면 알겠지만, 일이라는 게 건성으로 하건 열심히 하건 들어가는 시간이나 노력은 비슷해. 그렇다면 이왕 하는 일인데 상대방에게 '괜히 도움을 받았다'는 느낌이 들게 할 필요는 없잖아? 그건 시간은 시간대로 낭비하고 인심은 인심대로 잃어버리는 어리석은 짓이야.

고대 로마의 철학자인 세네카Lucius Annaeus Seneca는 다음과 같은 말로 도움의 의미를 일깨워 주고 있어.

"다른 사람에게 도움을 주는 일을 하는 사람은 자신에게 가장 큰 선물을 주는 것이다. 남을 돕거나 봉사할 때 최선을 다해서 나의 일처럼 기쁜 마음으로 해낼 수 있는 것, 그것이 봉사하는 일에 보람도 느끼고 또 도움을 받은 사람으로부터 진심어린 감사를 받을 수 있는 길이다."

남을 돕는다는 건 소중한 일이야. 다양한 경험도 쌓을 수 있고 좋은 일을 했다는 보람도 느낄 수 있지. 그래서 학교에서도 봉사 점수를 주는 거잖아.

그러니 기회가 닿아서 누군가를 도울 일이 생기면 적극적으로 도와줘. 도움을 받는 사람은 감사함을 느낄 거고, 그렇게 관계는 깊어지고 발전하는 법이야.

직접적인 큰 도움이 아니어도 돼. 십시일반으로 돕는 간접적인 방법도 있어. 중학교 때의 일이 생각나네. 국사 시간이었는데, 반장이 담임 선생님의 심부름 때문에 수업 시간에 나가야 한다고 양해를 구했어. 전날 우리 반 친구 하나가 부친상을 당해 급우들이 돈을 오백 원 혹은 천 원씩 모아 부의금을 만들었거든. 그것을 전달하러 반장이 장례식장에 우리 반을 대표해서 가는 심부름이었어.

"무슨 일로 외출하니?"

국사 선생님은 외출 사유를 물어 보셨어. 반장이 아무개가 부친상을 당해서 지금 다녀와야 한다니까 국사 선생님은 갑자기 반장을 멈춰 세우더니 돌아서는 거야. 우리들은 모두 궁금해서 눈을 동그랗게 뜨고 지켜봤어. 이윽고 선생님은 지갑에서 부의금을 꺼내서 건네주셨어. 반장은 그 돈을 받은 뒤 인사하고는 교실 밖으로 나갔지.

나는 그때 감동을 받았어. 선생님이 낸 부의금은 아이들이 낸 돈에 섞여서 전달될 테니 어쩌면 부친상을 당한 친구는 모를 수도 있을 거야. 게다가 국사 선생님은 우리 반 담임도 아니었기 때문에 부의금을 낼 의무도 없었어. 그런데도 선생님께서는 마음을 모으는 일에 동참하신 거지.

어른이 되고 한참 지난 뒤에야 나는 그 의미를 알 수가 있었어. 선생님은 중학생 아이가 아버지를 잃었다는 큰 슬픔에 진정으로 공감하신 거지. 나도 그래서 주변 사람들의 경조사는 여건이 허락하는 한 꼭 참석하려고 노력해. 바빠서 못 갈 경우엔 다른 사람에게 부탁해서 부의금이나 작지만 정성으로 마련한 선물을 꼭 전하려고 하지. 사람과 사람의 관계는 어려운 일이나 기쁜 일을 함께 경험하면서 깊어지고 발전하는 거니까.

친구가 생일을 맞았거나 좋은 일이 있을 때는 용돈을 아껴서라도 작은 선물을 준비해 축하해 줬으면 해. 친구에게 슬픈 일이 있으면 진심으로 위로해 주고 용기를 북돋워 주는 사람이 되면 좋겠고.

나에게는 작은 정성이겠지만 상대방에겐 큰 감동과 위로로 받아들여질 수 있으니까. 그렇게 살다 보면 언젠가 그런 도움이 필요한 순간에 나를 돕는 사람이 분명히 곁에 생길 거야. 덕불고德不孤! "덕이 있는 사람은 결코 외롭지 않다"는 말이야.

꼭 무언가를 바라서 남을 도와야 하는 건 아니야. 세상은 혼자 살아가는 게 아니라는 것만 잊지 마. 그리고 하늘은 분명 그 착한 마음을 기억해 줄 거야. 나 역시 국사 선생님의 행동을 지금까지 잊지 않고 기억하잖아.

남을 도울 때는 내 일처럼 힘껏

친구에게 자주 연락하기

"찰스야! 잘 지내냐?"

아무 용건이 없어도 나는 고등학교 동창에게 전화를 걸어 대뜸 별명부터 부르며 통화를 하곤 한단다. 친구들에게 연락하는 날을 따로 두었기 때문이지. 그날이면 오전 두세 시간은 아예 이 일을 위해 비워 놓곤 해. 주소록을 꺼내서 친구들에게 차례로 전화를 거는 거지.

"어쩐 일이냐? 인간성!"

인간성이 안 좋다고(?) 붙은 내 별명이야. 고등학생 때 하도 맺고 끊는 게 분명해서 친구들이 붙여 준 또 다른 이름이지. 그러면서도 내 전화를 받으면 친구들은 바쁜 와중에도 무척 반가워한단다.

특별히 해야 할 이야기가 있어서 전화하는 건 아니야. 다만 친구들의 목소리가 듣고 싶고, 어떻게 지내는지 궁금해 전화하는 거지. 친구들은 대개 직장에 매여 있어서 자주 연락을 못하지만, 작가인 나는 그들보다 시간을 내기 수월하니까 먼저 전화를 하는 거란다.

어쩌면 그래서 나는 젊은 시절부터 남들이 맡기 싫어하는 총무나 회장 등의 감투를 여러 개 쓰고 있었는지도 몰라. 사람들은 아무런 영양가도 없는 감투 따위 해서 뭐하냐고 말하지만, 나는 그래서 더 이런 일이 좋아. 하루 종일 집필실에 혼자 앉아 한 달이고, 두 달이고, 글만 쓰다가 핸드폰의 전화번호부에서 이름을 찾아 버튼만 누르면 언제든지 친구들의 목소리를 들을 수 있으니 얼마나 좋은 세상이야? 최근엔 SNS나 스마트폰 메신저로 시간과 장소 상관없이 언제든 안부를 물을 수 있으니 더욱 편리해졌지. 누군가와 연결되어 있다는 건 마음을 풍요롭게 해 주는 것 같아.

아무리 공부가 바쁘고, 할 일이 많아도 꼭 시간을 내서 친구들에게 연락해야 한단다. 나만의 습관으로 만들어 두면 더 좋지. 물론 요즘은 내가 자랄 때와 달라서 토요일이나 일요일이면 친구들과 인터넷상에서 만나 게임도 하고, 메신저로 이런저런 이야기를 나눈다는 걸 잘 알고 있어. 그것도 좋은 방법이겠지만, 목소리를 직접 듣는 것은 또 다른 느낌을 주지.

어떤 부모님들은 자녀들이 스마트폰으로 친구와 문자를 주고받으며 수다를 오래 떨면 시간 낭비라고 생각해서 잔소리를 하시는데, 그것이 그 또래에 그들만이 할 수 있는 인간관계며 감정 나눔이라는 걸 이해하면 좋겠어. 오죽하면 포노사피엔스phono sapiens라는 말이 생겼겠어? '스마트폰 smartphone'과 '호모 사피엔스homo sapiens: 인류'의 합성어로, 휴대폰을 신체의 일부처럼 사용하는 새로운 세대라는 뜻이지. 이 세대만의 교감 방법을 나는 존중해.

이메일도 친구들과 연락하는 데 좋은 수단이야. 요즘은 SNS나 메신저로 이야기하고 이메일은 업무용으로 주로 쓰지만, 친구들의 이메일 주소를 알아 뒀다가 조금 긴 편지를 써 보는 것도 좋아. 내용은 자유야. 자질구레한 수다를 떨어도 좋고, 남들에게 들은 재미있는 이야기를 써도 좋아. SNS

단문보다 이런 장문의 편지글이 친구 간에 유대감을 더 잘 느낄 수 있게 해 주지. 이 세상은 어차피 혼자서는 살아갈 수 없어. 더불어 살아가는 세상, 자신의 부족한 점을 주위 사람들의 도움으로 메우고 채우면서 완전해지는 세상이 바로 우리가 바라는 모습 아니겠니?

그렇기 때문에 나는 먼저 연락하는 사람이 되라고 말해 주고 싶단다. 꼭 만나서 뭘 하지 않아도 좋아. '네 곁엔 항상 내가 있다'는 느낌을 주는 것, 그것만으로도 이 세상을 살아가는 데 힘이 되니까 말이야.

친구의 소중함에 대한 격언을 몇 개 찾아볼까?

"현명한 친구는 보물처럼 다루어라. 살면서 만나는 많은 사람들의 호의보다 한 사람의 친구로부터 받는 이해심이 더욱 유익하다." - 그라시안

"참다운 친구란 재산 중에서 가장 가치가 큰 것인데, 사람들은 종종 이것을 가볍게 여긴다." - 라 로슈코프

나는 글을 쓰다가 머리가 복잡하고 가슴이 답답해지면 전

혀 다른 분야에서 일하는 친구를 만나곤 해. 이유는 앞에서 말한 대로야. 내가 잘 모르는 분야에 대한 이야기도 듣고, 친구의 어려운 사정이나 승승장구하는 이야기를 들으면서 희망과 용기를 얻기 위해서지. 그러면 다시 한번 분발하게 되니까.

친구는 바로 그러한 관계야. 서로 격려하고, 더 열심히 하자고 채찍질해 줄 수 있는 좋은 사이. 그런 친구가 없다면 얼마나 외롭겠니?

친구에게서 도움을 받거나 도움을 줄 수 있으려면 평소에 자주 연락해야만 가능한 거야. 10년 동안 한 번도 연락을 안 하던 친구에게 갑자기 전화해서 도와 달라고 할 수 있겠니? 거의 불가능하지. 물론 그 중에는 부탁을 기분 좋게 들어주는 착한 사람도 있겠지만, 대부분은 예의 없다고 생각할 수 있어. 자주 만나지는 못해도 전화 통화라도 자주 해 두면 언제든 도움을 줄 수도 받을 수도 있단다.

요즘은 자녀를 많이 낳지 않는 추세라 대부분 한 가정에 아이가 하나 아니면 둘, 많아 봐야 셋 정도지. 내가 어렸을 때는 형제가 다섯, 여섯인 집도 많았기 때문에 대개 어른이 되면 형제자매가 어려울 때 큰 도움이 되곤 했었어.

하지만 요즘은 그렇지 못하지. 앞으론 또래 친구들이 형제 노릇을 대신해야 해. 그렇기 때문에 항상 나만 생각해서는 좋은 친구를 얻을 수 없어. 친구가 전화하기를 기다리고, 문자나 이메일이 오기만 기다려서는 더불어 살 수 없는 법이지. 내가 먼저 이메일을 보내고, 먼저 전화하고, 먼저 안부를 묻는 자세, 이것이 좋은 친구를 많이 만드는 방법이고, 친구들과 함께 훌륭하고 좋은 일을 해 나갈 수 있는 든든한 밑거름이 되는 거란다.

처음엔 해 보지 않은 거라서 어색할 거야. 누군가의 안부를 먼저 묻고, 걱정해 주고, 신경 쓰는 그러한 넉넉한 마음이란 게 어느 날 갑자기 생겨나는 게 아니거든. 나의 지인들에게 관심과 애정이 있어야 할 수 있는 것들이야.

다정다감한 사람이 되는 걸 목표로 삼아 봐. 최고의 자기계발 강사인 데일 카네기도 "인간의 가장 큰 능력은 친구를 만들 수 있는 능력"이라고 했을 정도야.

착한 댓글 달기

[고정욱 작가라는데 무슨 작품 썼는지 읽어 보지 않았지만 아이들 질문에 너무나도 무성의하게 대답을 했다. 강연하러 온 사람이라면 성의 있게 대답을 해 줘야 하는 거 아닌가?]

나의 블로그에 달린 댓글을 보고 가슴이 덜컥 내려앉았단다. 더욱 놀라운 것은 그 댓글이 얼마 전에 내가 강연 갔던 초등학교의 선생님이 쓴 거였어. 나의 잘못된 태도를 지적하는 댓글이었지.

사실 나는 어린이들을 대상으로 하는 강연의 경우, 정말 신경을 많이 써. 아이들에게 좋은 영향을 끼치는 걸 매우 중요하게 생각하는 사람이거든. 그런데 이런 댓글이 달렸으니 정말 가슴이 울렁거리고, 어떻게 하면 좋을까 걱정되고 고민이 깊었어.

인터넷이 발달하면서 가장 위험하고 날카로운 것이 댓글 문화야. 뉴스를 보든, 유튜브를 보든, 그 어디에든 게시물에 댓글을 달게 되어 있지. 사람들은 게시물을 보고서 '좋아요'를 누르기도 하고 '싫어요'를 누르기도 해.

언젠가 댓글을 달거나 좋아요를 누를 수 있게 시스템을 개발한 미국의 프로그래머가 인터뷰한 걸 보았어. 그의 원래 의도는 사람들이 '좋아요'를 통해서 그 기사나 글을 올린 사람을 응원해, 좀 더 나은 콘텐트가 계속 만들어지면 좋겠다는 생각에서 그런 기능을 개발했다는 거야. 그런데 이 댓글 기능과 좋아요가 각종 악성 댓글로 도배되면서 사회문제까지 되니 개발자로서 무척 당황했다고 해. 이렇게 사용될 줄은 몰랐다는 거야.

우리나라 연예인 중에도 악성 댓글로 인해 자살하거나, 연예계를 떠나거나, 공황장애를 앓거나, 폐쇄적인 은둔형

외톨이가 되는 경우가 많다고 들었어. 사람들의 시선과 인기를 먹고 살아야 되는 직업군인데 그런 댓글이 달렸으니 얼마나 큰 충격을 받았겠어. 가뜩이나 인기가 떨어질까 봐 노심초사하면서 매일매일 살얼음판을 걷듯이 살고 있었을 텐데 말이야.

댓글은 다른 말로 하면 간섭일 수도 있고, 참견일 수도 있고, 오지랖일 수도 있어. 연예인이 나와서 춤추고 노래하거나 어떤 사안에 대해 자신의 주장을 펼쳤는데, 그걸 보고 굳이 댓글을 달았다면 그만큼 관심이 있거나 뭔가를 행동에 옮기는 사람들이겠지. 누군가는 "할 일 없는 사람이 댓글 단다"고 얘기하는데, 그건 틀린 말이야. 할 일이 있고 없고가 중요한 게 아니라, 자신의 의견을 표현하고 싶은 건 인간의 본능이야. 자신의 생각을 건전하게 표현하고 뜻을 밝히는 건 중요한 거야. 자유민주주의에서는 꼭 필요한 모습이지.

물론 표현할 때는 예의를 갖춰야 해. 그리고 나와 다른 의견도 존중받아야 한다는 걸 잊지 말아야 하고. 그런데 문제는, 익명이라는 점 때문에 타인의 인격을 모독하고, 거짓된 정보를 전달하고, 단순히 마음에 안 든다고 이유 없이 공격하는 일들이 심심치 않게 벌어진다는 거야.

이런 문제가 점점 심각해지니까 이제는 악플 대신 선플을 달자는 운동도 생겨났어. 영어 교육으로 유명한 M박사가 이 운동을 앞장서서 시행하고 있지. 나도 동참하기 위해 그를 만난 적이 있어. 그는 '선플'善-reply이라고 하면 영어로 선플라워sunflower가 연상된다면서, 상징물로 해바라기를 보여 주는 거야. 좋은 댓글을 달아서 격려하고 용기를 주자는 거지. 댓글을 다는 행위 자체는 세상일에 관심을 보이고, 그 일을 구경만 하는 것이 아니라 적극적으로 동참하는 거잖아. 그래서 어차피 다는 댓글이라면 좋은 내용으로 달자는 운동이야. 매우 선한 영향력을 끼치는 행동이지.

그 예로, 코로나19가 한참 유행이라 소상공인들이 고생하고 있을 때, 가난한 아이에게 치킨을 공짜로 먹게 해 준 치킨집 사장님의 소식이 알려지자 이런 분에게는 "돈쭐돈+혼쭐의 신조어을 내주자"는 선플이 달렸어. 그 뒤로 그 치킨 집에 가서 음식을 사먹거나 배달을 시키는 식으로 선행에 동참하는 사람들이 끝없이 이어진 적이 있었단다. 이런 게 진짜 멋진 오지랖이지.

성경에 이런 말이 있어 "악인에게 맞서지 말라." 악인과

싸우고 다투다 보면 똑같이 악해질 수밖에 없다는 의미야. 굳이 악플을 달아서 논쟁을 벌이고 끝없이 인터넷상에서 치고 박는 게 과연 무슨 의미가 있을까? 건전한 비판과 지적은 올바른 것이지만, 악의를 가지고 하는 지적은 옳지 않아. 그거야말로 정말 할일 없이 하는 행동이란 소리를 듣지. 차라리 그럴 시간에 소양을 넓히기 위해 책을 읽거나 자신의 삶을 더 잘 꾸미는 게 좋아.

내가 강연에 대해 그런 악플을 받게 된 것도 사실은 선생님이 나에게 관심이 있고, 그래서 나의 어떤 점이 마음에 안 들었기 때문일 거야. 왜 그런 평가가 발생했는지 생각해 보니 이유를 조금은 알 것 같았어. 그날의 일을 곰곰이 돌이켜 보니, 참여한 아이들은 서로 질문하겠다고 손을 드는데 시간이 부족했지. 나는 그 아이들이 한 번씩이라도 작가에게 질문을 해 보고 답을 들어 봤으면 좋겠다 생각할 거라고 짐작했어. 그래서 질문하면 길게 설명하기보다는 짧게 바로바로 대답을 해 줬지. 예를 들면 이런 식이었어.

"선생님은 자신의 책 중에 무슨 책이 제일 좋으세요?"
"아직 없어요! 다음 질문."

"선생님은 몇 살이세요?"

"비밀. 다음…."

짧게라도 어린이들의 질문에 모두 대답을 해 주다 보니 선생님이 볼 때는 무성의하게 보였을 거야. 당연해. 이건 나의 머릿속 생각을 미리 말하지 않았던 내 실수야. 선생님의 지적이 옳아. 이렇게 대답했어야 해.

"네, 좋은 질문이네요. 300권이 넘는 많은 책들을 썼어요. 하지만 나는 아직도 백 퍼센트 마음에 드는 책을 쓰지 못했어요. 앞으로 계속 노력해서 정말 세계 문학사에 길이 남을 책을 쓰겠습니다. 감사합니다."

이렇게 이야기했더라면 좋았겠지. 나이를 물어 보면 이렇게 대답했어야지.

"선생님이 젊어 보이지만 나이를 꽤 먹었답니다. 하지만 나이를 먹어 갈수록 더 지혜로워지고 더 똑똑해진다고 생각해요. 여러분도 나이 먹는 게 부끄럽지 않은 사람이 되려면 책도 많이 읽고 좋은 경험을 많이 해야 합니다.”

이랬으면 얼마나 좋았을까? 후회가 되었단다. 그날로 나는 선생님이 올린 댓글에 다시 댓글로 정중하게 사과했어.

[죄송합니다. 선생님 다음부터는 아이들의 질문 하나하나에 정성껏 대답하겠습니다. 좋은 지적해 주셔서 감사합니다.]

그러면서 그냥 넘어갈 수는 없잖아? 한마디 더 했지.

[하지만 아이들에게 인기가 있어서 학교에 불러올 정도의 작가라면 선생님도 한두 권 정도는 책을 읽어 보셨으면 어땠을까요?]

이왕 인터넷에서 댓글로 오지랖을 떨 거라면 악플 대신 선플, 다시 말해 좋은 이야기를 해 주자고.

3장

코피티션

협력적 경쟁

협력cooperation과 경쟁competition의 장점을 살린 코피티션을 나의 무기로 삼아 봐! 내 옆 사람을 경쟁자로 생각하면 피곤하고 미워하게 되지만, 함께 윈-윈을 만들어 가는 친구로 생각하면 매일이 기대될 거야. 나도 작가들 사이에서 경쟁을 하고 있어. 하지만 그건 무조건 내가 최고가 되겠다는 경쟁이 아니라, 작품을 더 잘 쓰겠다는 경쟁이야. 그래서 나는 여러 작가들과 협업해서 글을 모아 책을 내거나, 나에게 의뢰가 들어온 원고를 못 쓸 경우엔 다른 작가를 추천하기도 해. 그들이 나의 코피티션 동료이기 때문이야.

지는 가위바위보를 해 보자

장애인 가요제에 심사위원으로 참가한 적이 있었어. 그날 가요제 진행자는 전국을 다니면서 많은 행사를 경험한 베테랑이었지. 그는 밝고 명랑한 목소리로 마이크를 잡더니 그곳에 온 관중들의 분위기를 띄우기 위해 이러는 거야.

"자, 여러분! 본 행사를 시작하기 전에 우리 게임 한번 해 보겠습니다. 상대방을 배려하고 우리의 선입견을 바꾸는 가위바위보 게임입니다."

나는 무슨 가위바위보 게임이 배려하고 헌신한다는 건가

싶었지. 그런데 그가 제안한 게임은 놀랍게도 지는 사람이 이기는 게임이었어.

"가위바위보 하면 제가 먼저 하나를 낼 테니 여러분은 제가 내는 걸 보고서 지는 걸 내세요. 그러면 이기는 겁니다."

내가 그동안 알고 있던 가위바위보는 항상 이기기 위한 게임이었어. 가위면 바위, 바위면 보, 보면 가위를 내야지. 그런데 지는 걸 내야 한다니.

실제로 해 보니 쉽지 않았어. 사회자가 주먹을 내니까 나는 본능적으로 보를 내려는 거야. 가위를 내야 이기는 건데 말이지. 다른 사람들도 보자기를 내고는 아차 하는 표정이었어. 이건 우리가 늘 이기려고만 했기 때문이야. 경쟁에서 이기는 것만 익숙해져서 모든 관심사가 승리에만 쏠려 있다 보니 이렇게 살짝 규칙을 바꿔도 혼란에 빠지는 거지.

사회자는 "질 줄 아는 사람이 진정한 승리를 할 수 있다"면서 장애인을 위해 배려해 주고 양보해 주는 사람이 진정한 승자라고 멋지게 마무리 멘트를 했어.

우리는 어려서부터 대부분 입시 위주의 학습을 하면서 협력보다는 경쟁, 희생과 헌신보다는 승리와 독점을 미덕으로

여겨 왔어. 그러다 보니 지는 건 곧 불행이라는 공식이 생겨
버렸고, 패배자는 관심의 대상에서 멀리 떨어져 나가는 거
야. 그런 사회 분위기 속에서 살다 보니 어느 분야나 경쟁자
가 있다고 생각하게 되었어. 승자나 나보다 잘하는 사람을
미워하거나 멀리하게 되고 말이야.

　학교에서 강연 의뢰가 들어와 초대받아 가면 다음과 같은
질문을 많이 받아.

　"작가님은 경쟁자가 누구세요?"
　"어느 작가가 라이벌이에요?"

　그럴 땐 뭐라고 이야기를 해 주면 좋을지 한번 생각해 보
게 돼. 라이벌과 경쟁자는 같은 분야, 같은 업종에서 같은 시
장을 놓고 다투는 사람이야. 예를 들면 UFC에서 같은 체급
에 있는 격투기 선수들이라고 할 수 있지. 작가도 어찌 보면
같은 출판 시장을 놓고 싸우는 것으로 어린이와 청소년에겐
보일 수 있어. 하지만 예술 세계에서는 경쟁이나 라이벌이
라는 표현을 사용하기가 좀 어렵단다. 각자 다른 개성을 가
지고 있기 때문이야.

동화나 소설 같은 문학 출판도 마찬가지야. 나와 똑같은 내용의 작품을 쓰는 사람이 있다면 경쟁자가 되겠지만 그런 일은 없어. 작가마다 작품 세계가 천차만별이지. 당연히 단순히 비교할 수도, 경쟁이 될 수도 없어. 오히려 협력이 필요하지. 서로 아이디어를 주고받으며, 다른 작가들의 글이나 문장을 보고 배우면서 나의 발전에 도움이 되기 때문이란다.

　　장애에 대한 주제로 여러 작품을 썼던 나는 어느 날 이 사회의 '편견에' 대해서 생각해 보게 되었어. 장애인은 아무것도 못한다는 생각, 그것이 편견이지. 그러면 다른 분야에서는 어떤 편견이 있을까 생각해 보니 다문화가족이나 탈북자 등의 가족 환경, 피부색, 종교, 학벌, 외모 등의 다양한 편견 요소가 있더라고. 그래서 이런 다양한 편견을 좀 바꿔 보자는 의미에서 나는 몇몇 동화 작가들에게 연락을 했어.

　　"우리 편견을 주제로 각자 짧은 동화 한 편씩 써서 묶어 봅시다."

　　"그거 좋은 생각이에요."

지는 가위바위보를 해 보자

모두들 나처럼 동화 작가인데 남들이 볼 때는 경쟁자로 보일 거야. 하지만 우리는 아름다운 작품, 좋은 작품을 통해 어린이들에게 선한 영향력을 미치겠다는 공동의 목표를 가지고 있어. 협력자인 셈이지.

그렇게 협력해서 우리들은 작품을 만들었어. 그게 바로 《편견》이라는 책이란다. 2007년에 발간되어 2021년에 개정판이 나올 정도로 지금까지 꾸준하게 사랑을 받고 있지. 여러 작가의 다양한 작품들을 모아서 무엇이 편견인지를 깨닫게 해 주는 내용이라서, 어린이를 위한 창작 동화 모음집이지만 청소년들도 읽어 봤으면 좋겠어. 내가 기획해서 다른 동료 작가들에게 제안해 함께 책을 만드니 얼마나 즐거웠는지 몰라.

영국의 국민 작곡가로 불리는 랄프 본 윌리엄스_{Ralph Vaughan} _{Williams}라는 사람이 있어. 그는 영국의 민요를 수집해서 8백여 곡이나 정리해 놓은 위대한 사람이야. 30대에 이미 온 영국인들이 다 알 정도로 위대한 국민 작곡가가 되었지.

그랬던 그에게는 치명적인 약점이 있었단다. 바로 오케스트라 지휘를 하고 싶었는데 능력이 부족했던 거야. 영국의 자존심인 그가 다른 음악가를 찾아가 제자가 된다는 건 상상조차 할 수 없는 일이었지. 프로의 세계에선 웬만해서는 자존심이 허락하지 않는 선택이란다.

하지만 윌리엄스는 달랐어. 1908년에 그는 도버해협을 건너. 프랑스에 라벨Maurice Joseph Ravel이라는 작곡가가 있었기 때문이야. 그 역시도 프랑스를 대표하는 훌륭한 음악가였어. 그를 찾아가 오케스트라를 배우고 싶다고 이야기하자 라벨은 흔쾌히 허락해 주었지. 그래서 일주일에 4~5회씩, 한마디로 거의 매일 찾아가 윌리엄스는 라벨에게 가르침을 받아 오케스트라를 어떻게 지휘하는지를 철저하게 배우고 연습하게 돼.

두 사람은 각자 자신의 나라를 대표하는 작곡가이지만 경쟁자이기보다는 협력자였어. 음악을 위해 헌신하는⋯. 그래서 윌리엄스는 오늘날까지도 존경받는 영국의 위대한 국민 음악가로 인정받고 있지.

요즘 텔레비전에서 하는 오디션 프로그램을 보면 뛰어난 능력을 가진 가수들이 정말 많은 것 같아. 어린 나이에 어떻게 저렇게 놀라운 능력을 가졌을까 싶은 사람들이 나오지.

그들은 각자 능력을 발휘해서 1차 예선을 통과하면, 2차 심사에서는 팀을 이뤄 경쟁을 해. 경쟁자였던 참가자들이 한 팀이 되어 진한 우정을 나누면서 함께 편곡도 하고 악기 연주도 하면서 친해지지. 이랬던 그들이 또 주최 측에 의해서 다음 라운드에서는 갈라져서 다시 경쟁을 하고.

방송 프로그램의 재미를 위해서 그렇게 하는 것이겠지만, 사실 그들이 오디션 프로그램을 끝내고 실제로 밖에 나와서 음악 작업을 하다 보면 이런 상황이 빈번해. 음반 작업을 할 때 수많은 가수와 작곡가들이 피처링과 콜라보로 참여해 좋은 곡을 만들려고 노력하잖아. 이렇게 같은 길을 걷는 사람들 간에 서로 협력하고 때로는 경쟁하며 실력을 쌓으면 그 분야의 발전이 따라오는 거란다. 오늘날 세계인에게 사랑받는 K팝의 위상도 바로 그렇게 해서 이뤄 낸 거야.

혼자만 돋보이려 하지 않고 하나의 목적을 이루기 위해 서로 협력하는 건, 놀라운 결과를 이뤄 내지. 그런 의미에서 가위바위보 게임에서 질 줄 아는 능력은 의미가 크다고 봐. 기꺼이 내가 헌신할 줄 아는 너그러운 마음으로 상대방을 받쳐 주고, 그를 돋보이게 해 줄 수 있는 사람만이 결국엔 함께 돋보임을 받을 수 있는 거야. 성경에도 쓰여 있어. "대접 받고자 하는 자는 먼저 대접하라"고. 경쟁자이건 협력자이 건 내 주변에 사람이 있다는 것, 그것이 큰 행복이라는 걸 잊 지 마. 그 무엇보다 큰 재산이 될 거야!

목표가 있고 경쟁이 있어야

대학교에 다니던 시절, 한 선거 사무실에서 우편물을 발송하는 아르바이트를 한 적이 있었어. 수천, 수만 통의 선거 홍보물이 잔뜩 쌓여 있는 사무실에서 아주머니 몇 명과 나를 포함한 대학생들이 일일이 홍보물을 봉투에 넣어 붙이는 것이 그날 할 일이었지.

산더미 같은 홍보물을 처음 봤을 땐 일을 시작하기도 전에 이미 기가 질려 버렸어. 하지만 오늘 내로 그 일을 다 끝내야만 했지. 아주머니들은 열심히 수다를 떨면서 일을 시작했고, 나를 비롯한 몇몇 대학생들은 부지런히 홍보물을 봉투에 담았어. 처음엔 서툴러서 빨리 하지 못했지만 조금 지나니까 어느 정도 속도가 붙기 시작하더군.

사람이란 건 참으로 묘한 존재야. 반복된 일을 하게 되면 항상 어떻게 하면 더 빨리 더 능률적으로 할 수 있을까를 생각하게 되니까. 그때 나는 분업을 생각했어. 그렇게 하니까 단순 업무라서 속도가 붙더라고.

하지만 그것도 한계가 있었지. 어느 정도 하니까 싫증이 나고 지치는 거야. 단순 작업의 한계라고나 할까. 다들 처음에는 부지런히 하더니 서서히 지쳐 가더군. 아무리 해도 봉투가 줄어들지 않으니까 모두들 능률이 떨어졌지. 처음에는 '빨리 끝내야 겠다'라고 다짐하더니, 조금 지나니까 '끝낼 수 있을까'로 마음이 바뀌고, 결국에는 '오늘 안에 다 못 끝낼 것 같다'는 생각들을 하는 것 같았어.

그때 나는 우리가 이렇게 함께 모여 일하는 이유가 뭔지를 생각해 봤어. 우리가 그 일을 하는 목적은 그저 '돈을 받겠다', '빨리 끝내고 집에 가야겠다'는 것이었던 것 같아. 재미없고 따분하며, 신날 것 없는 그저 그런 목표였다는 걸 알게 된 거지. 그렇다면 뭔가 함께 동참하고 재미있을 목표로 바꾸면 되겠다는 아이디어가 떠올랐어. 나는 옆에 있는 대학생들과 아주머니들한테 긴급 제안을 했지.

"우리 내기 해요. 각자 받게 되는 일당에서 오천 원씩 모아서 오늘 가장 많이 일한 사람에게 몰아주기로요."

그러자 아주머니들과 같이 일하던 사람들의 눈빛이 변하는 거야. 일이 흥미로워진 거지. 그때부터 놀라운 상황이 벌어졌어. 아주머니들의 손길이 번개처럼 빨라진 거지. 나도, 다른 대학생들도 물론 마찬가지야. 단조롭고 무미건조하던 일에 갑자기 목표가 생기니까 일이 재미있어졌어. 경쟁이 주는 효과라고나 할까.

"아이고, 학생은 손이 안 보이네."

"아주머니는 일등이니까 우리 견제하시는 거죠?"

서로들 경쟁하면서도 농담을 잃지 않았어. 그렇게 경쟁이 시작되니까 결국 우리는 그날 해야 할 일을 시간 안에 완수했어. 그리고 제일 많이 일한 아주머니에게 약속한 대로 모은 돈을 드렸지. 그 아주머니는 신난다며 자기가 한 턱 낸다고 해서 결국 그 돈은 그날 회식비가 되었어. 누구도 손해 본 게 아닌 데다 일까지 빨리 끝났으니 해피엔딩이지.

이 상황을 보고 느낀 점이 있을 거야. 어쩌면 매일의 삶이 단조롭고 재미없게 느껴질지도 몰라. 그 이유는 우리가 목적을 잃어버렸거나 목표가 없기 때문이라고 생각한단다. 작은 목표도 좋아. 꼭 세워야 해. 목표는 우리를 강하게 만들고, 긴장하게 만드는 효과가 있으니까. 공부를 하건, 운동을 하건, 목표 의식을 가지고 하는 사람과 그렇지 않은 사람에겐 분명한 차이가 있단다. 단조로운 일도 목표가 생기면 의미 있는 일이 되거든.

그 목표가 혼자 이루는 게 아니라, 여럿이 함께 이뤄 내는 거라면 더욱 좋아. 성과를 냈을 때 그 희열은 정말 큰 경험이 되거든. 학교에서 운동회를 하거나 합창대회를 하는 것도 그런 이유야. 경쟁해서 순위를 매기는 게 목적이 아니라, 공동의 목표를 향해 열심히 노력하고 선의의 경쟁을 통해 승자가 되어 보는 경험을 학생들에게 주기 위한 거지.

목표가 생기면 매일 반복되는 학교생활도 더는 지루하지 않을 거야. 학교를 다님으로써 내가 하루하루 더욱 더 훌륭한 사람으로 성장하고, 살아가는 데 필요한 것들을 경험한다고 생각하게 될 테니까. 어쩌면 학교에 다니는 건 내가 원하는 목표를 이루기 위한 과정을 경험하는 거라고 생각할 수도 있고 말이야.

목표는 아주 사소하고 이루기 쉬운 것이어도 좋아. '오늘 학교에 가서 민철이를 만나서 농구 동아리를 하나 만들자고 해야지.' 이런 것도 목표가 될 수 있어. 누군가와 함께하니 더 좋은 목표야. '오늘은 남기지 말고 맛있게 먹어야지.' 이건 급식을 먹을 때 음식물 쓰레기를 줄이는 목표가 되겠지. 집 청소를 할 때는 '깨끗이 청소해서 집안을 아름답게 가꾸면 얼마나 좋을까?' '아빠나 엄마를 기분 좋게 해드리면 얼마나 좋을까?' 이런 식으로 하는 일마다 신박한 목표를 작게라도 세워 봐. 공부할 때는 '문제지 한 바닥을 10분 만에 풀어야지' 같은 목표를 설정하면 내가 하는 일, 해야 할 일들이 전혀 다른 의미로 다가올 거야.

"무엇보다 먼저 흐리멍덩한 목표가 아닌 분명한 목표를 가져라. 이 목표가 구체적이고도 확실한 것이 될 때까지 갈고닦아라. 그것을 항상 마음속에 간직하라. 그러면 어디로 가든지 그것을 잊지 않을 것이다. 목표는 적극적인 생각과 믿음이 필요하다. 분명한 목표가 있다면 그것을 위해 적극적으로 행동해야 한다."

노먼 빈센트 필Norman Vincent Peale의 명언이야. 60여년 간 목사로 일하면서 사람들에게 동기 부여가 얼마나 중요한지를 알린 분이지. 그의 책들은 분명한 목표가 얼마나 힘을 주는가를 우리에게 알려 주고 있어.

그렇지만 혼자만의 경쟁은 의미가 없어. 함께하는 경쟁이어야 해. 고등학생 때 사귀게 된 내 친구 K는 삼성전자의 핸드폰 부문 사장까지 지낸 대단한 엘리트야. 세계적인 전자업계의 거물이지. 그는 동창회에 오는 친구들 중에 아이폰을 쓰는 사람이 있으면 자기네 회사인 삼성에서 만든 걸 쓰라고 꼭 한마디를 해. 애플과 경쟁 회사라는 거지.

혹시 삼성이 아이폰의 부품 상당수를 제공한다는 걸 알고 있니? 의외로 모르는 사람이 많아. 한마디로 애플이 핸드폰을 많이 만들수록 그 안에 들어가는 부품을 파는 삼성이나 LG전자 등의 한국 기업이 돈을 잘 번다는 거야. 이런 걸 협력적 경쟁 관계라고 해. 물론 애플이 자기네 부품 공장도 따로 없으면서 세계적으로 막대한 돈을 벌고 있으니 대단하긴 한 거지. 하지만 우리나라 기업도 부품을 만드는 것에만 머물지 않고 핸드폰을 개발해 애플의 경쟁자로 나서고 있으니 서로 경쟁하며 동반 성장하는 관계라고 할 수 있어.

캐나다 사람인 데이비드 맥타가트David McTaggart는 원래 사업가였어. 그는 자신이 경영하던 공장에서 사고가 나고 사람이 다치는 것을 보고 충격을 받아 사업을 모두 정리해 버렸단다. 그리고 유일한 재산인 작은 요트에 올라 항해를 하면서 아무 목표 없이 그저 삶을 즐기기로 했지. 매일 바다로 나가 망망대해에서 시간을 흘려보내며 살았어. 어떤 일도 그의 관심을 끌지 못했단다.

무료하게 살던 그는 어느 날 환경 단체가 낸 모집 공고를 우연히 보았어. 프랑스가 남태평양에서 핵 실험을 하려고 하니 그곳에 배를 타고 가서 시위할 사람을 찾는다는 공고였지.

그걸 본 순간, 맥타가트는 자기 삶의 새로운 목표를 찾았어. 인류의 생존을 위협하는 핵 실험을 막는 일이 바로 자신이 해야 할 일이라고 깨달았던 거야. 그는 갖은 고생 끝에 남태평양에 도착해서 자신의 배로 프랑스의 핵 실험선 앞을 막아섰어. 군함에 부딪쳐 배는 산산조각이 났고 그는 물에 빠져 죽을 뻔했지만 오늘날의 급진적인 환경호보 활동으로 유명한 환경 단체, 그린피스를 창설하는 데 큰 기여를 했단다. 아무 목적 없이 살던 그가 참으로 숭고한 목적을 찾아낸

거야. 그리고 그의 활동은 다른 사람을 자극하면서 새로운 환경운동이 경쟁적으로 발생하게 만들었지

지금 우리나라에만도 여러 환경 단체들이 활동하고 있단다. 먼저, 환경운동연합은 아시아 최대 규모의 환경운동 단체야. 멸종 위기종 및 고래 보호라든가 기후 변화 대응과 같은 지구 환경 문제 해결을 위해 노력하고 있어. 그리고 녹색연합이 있지. 녹색 생명운동을 펼치는 환경 보호 단체란다. 무분별한 개발로부터 자연을 지키고 야생 동식물을 보호하는 활동과 지구적 위기인 기후 변화를 막기 위한 에너지 전환, 에너지 자립운동을 펼치고 있어.

이 밖에도 전 세계에는 다양한 환경 보호 단체가 있단다. 앞에서 설명한 그린피스, 환경 분야에 있어 국제 협력을 촉진하기 위해 환경 관련 종합 조정 기관의 역할을 하는 유엔환경계획UNEP, 야생동물 및 원시적 환경을 보호하기 위한 국제 환경 단체인 세계자연기금WWF 등이 활발하게 활동 중이지. 이들 모두는 함께할 사람을 찾고, 환경 단체들 간에 공동의 목표를 가지고 선의의 경쟁을 하면서 환경 보호에 나서고 있어.

듣기의 어마어마한 중요성

"너는 무슨 말을 그렇게 하니?"

"넌 왜 말하면 제대로 듣지를 않니?"

어머니들이 청소년 자녀를 나무랄 때 자주 쓰는 표현이란다. 그런데 앞의 것은 우리가 말을 잘못했을 때 듣는 지청구야. 그리고 뒤의 것은 듣기를 제대로 못했을 때 듣는 잔소리지. 청소년들은 어떤 말을 평소에 더 많이 들을까? 아마 대부분 후자일 거야. 그만큼 듣는 걸 잘 못한다는 거지.

잘 듣는 사람은 남을 이해하고 배려할 수 있단다. 어른들이 흔히 "말을 잘 들어라"라고 이야길 하지. 이렇게 쓰이니까 말을 잘 듣는다는 건 마치 어른들이 시키는 일은 뭐든 고분고분 따르라는 이야기처럼 들려. 하지만 여기서는 그런 뜻이 아니야. 상대방의 말을 잘 '이해'하라는 뜻이란다.

대부분 사람들은 듣는 것에 별로 관심이 없어. 말하는 걸 즐기지. 내가 전국으로 강연 다닐 때 만나는 학생들만 봐도 듣기 교육이 제대로 되어 있지 않은 경우가 많다는 걸 느껴. 강연 시간에 내가 어떻게 해서 작가가 되었는지, 그리고 앞으로 어떻게 작품 활동을 할 건지 등을 이야기했는데도, 강연 후 질문 시간에 꼭 이런 걸 물어.

"어떻게 작가가 되셨어요?"

"왜 장애인이 되었어요?"

이미 강연 중에 다 말했거든. 그런데 잘 듣지 않고 있다가 또 질문을 하니, 함께 듣던 아이들이 짜증을 낼 정도야. 제대로 안 들었기 때문에 생기는 일이지.

듣기란 매우 중요해. 모국어를 배울 때 말하는 것(회화)을 위주로 학습하고, 듣는 것은 누구나 할 수 있다고 생각하기 때문에 따로 배우지 않는 경우가 많아. 하지만 국어를 잘하기 위해서는 말하기, 듣기, 쓰기, 읽기 등 네 가지 능력을 모두 고르게 갖춰야만 해. 우리나라 국어 과목 교육은 읽기와 쓰기를 중요시하고, 말하기와 듣기는 소홀하게 취급하는 경향이 있어. 그 가운데서도 듣기 교육은 전혀 이루어지지 않고 있는 실정이야. 웅변 학원은 있지만 제대로 듣는 것을 가르치는 학원이 없는 것만 봐도 사람들이 듣는 것에 얼마나 무관심한가를 알 수 있지.

나는 듣기에 대해서 학생들에게 이렇게 말한단다.

"잘 듣는 사람이 더 많은 정보를 얻고, 그만큼 이 세상을 잘 살아갈 수 있다."

절대 과장된 말이 아니야. 공자도 이렇게 말했어.

"군자는 말을 잘하는 사람의 말에만 귀를 기울이지 않고 말이 서툰 사람의 말도 귀담아 듣는다."

남의 이야기를 얼마나 잘 듣느냐에 따라 삶의 질이 결정된단다. 똑같은 이야기를 듣고도 어떤 사람은 그 속에서 귀중한 정보를 캐내는데, 어떤 사람은 아무것도 얻지 못해. 이렇게 듣기에 서툰 사람만 있으면 협업에 어려움이 생겨. 성경에도 나오잖아. 바벨탑을 지을 때 처음엔 착착 일을 잘 진행하던 일꾼들이 하느님이 노하셔서 언어를 다르게 해 버리자 의사소통에 문제가 생겨서 탑이 무너지고 말았지.

듣기는 소통의 기본 도구야. 왜 듣기가 앞으로 우리가 살아가는 데 중요할까?

먼저, 우리 사회는 과거와 비교할 수 없을 정도로 넓어지고 복잡해졌어. 그렇다 보니 나 한 사람이 알아야 할 정보의 양도 많아지고, 사회에 끼치는 영향력도 커졌지. 내가 속한 학교, 모둠, 종교 단체, 동아리 등의 집단이 굴러가려면 보다 정확한 정보가 늘 필요해. 매일 새롭게 업데이트되는 정보를 취합하는 것도 매우 중요해졌고, 무엇보다 일원들 간에 서로 잘 교류하고 나눠야 그 정보가 힘을 발휘하지. 혼자만 아는 건 큰 의미가 없거든. 혹시 '집단지성'이라는 말 들어 봤니? 다수의 개체들이 서로 협력하거나 경쟁을 통하여 얻게 된 지적 능력의 결과로 얻어진 집단적 능력을 설명하는 용어야. 그렇게 되려면 의사소통이 잘 되어야 해.

그리고 내가 속한 조직이나 집단의 움직임은 나에게 잘 전달이 되어야 해. 그럼으로써 오해가 제거되고, 소통의 부재로 인한 낭비가 줄어들지. 또한 사기가 올라가고, 성과가 더욱 잘 나타나는 법이야. 똑같은 노력과 시간을 들여 일하더라도 협력이 잘 되니 더 큰 보람을 맛볼 수 있고. 이 모든 게 듣기의 중요성에서 시작되는 거지.

그래서 남의 말을 잘 듣는 방법을 몇 가지 알려 주려고 해. 그러기 위해서는 우선, 듣는 것이 어떤 과정을 통해서 이루어지는지 알아야 하겠지? 흔히 우리는 남의 말을 액면 그대로 듣고 이해하면 된다고 생각하는데, 그건 제대로 된 듣기가 아니야. 들을 때는 이야기 속의 중심 내용뿐 아니라 속뜻까지 이해할 수 있어야 해.

예를 들면 "내일 다섯 시까지 우리 집으로 와"라는 말을 들었을 때 '다섯 시까지 와야 한다'는 내용이 일차적으로 전달받은 내용일 거야. 하지만 들을 때는 속뜻까지 파악할 수 있어야 해. 다시 말해, '내일 다섯 시까지 오라'는 말에는, '내일 생일잔치가 있으니까' 오라고 했거나 '다른 중요하게 논의할 일이 있다'는 등의 모이는 이유와 의미가 포함되어 있다는 걸 이해해야 한다는 뜻이야.

그 다음엔 들은 내용을 판단하고 논리적으로 따져서 문제점을 찾아내면서 이해해야만 하지. 그래야 비로소 듣기가 완성된다고 할 수 있어.

　그럼 제대로 들으려면 기본적으로 무엇이 필요할까? 바로 집중력이야. 집중해서 들어야만 그 사람의 이야기에서 많은 정보와 문제점을 이해할 수 있어. 내용을 정확하게 파악해야 나의 행동에 도움이 되는 방향으로 받아들일 수 있겠지. 집중력은 시간을 절약해 주고 두뇌의 기능을 향상시켜 줘. 그렇기 때문에 노력과 훈련을 통해 집중력을 강화할 필요가 있지.

　내가 경험한 바로는, 집중력을 향상시키는 데는 심호흡이 효과가 있더구나. 편한 자세로 앉아서 심호흡을 열 번 정도 해 봐. 그러면 몸과 마음이 안정되는 것을 느낄 수 있어. 심호흡을 크게 하면 자율신경계가 안정되고 심장의 부담이 줄어들어 집중할 수 있는 신체적인 조건이 갖추어지지. 기지개 펴기를 같이 해도 좋아.

　일단 집중했으면 집중력이 약해지기 전까지는 최선을 다해 상대방의 이야기를 들어야 한단다. 공부할 때도, 그리고 누구의 이야기를 들을 때도 집중해야 중요한 용건이 들리기 때문이야.

물론 상대방의 이야기를 들을 때는 예의 바른 자세로 말하는 사람에게 좋은 인상을 주면서 귀를 기울여야 해. 예의 없는 사람에게 좋은 정보를 줄 사람은 없으니까. 들을 때는 말하는 상대의 눈을 마주보고 '내가 너의 이야기를 잘 듣고 있어' 하는 마음이 전달되도록 열심인 자세를 보여 줘야 해. 그리고 리액션이 중요한데, 이야기에 맞장구도 적당히 쳐 줄 수 있어야 하지.

중간에 말을 끊지 않고 끝까지 듣는 것도 중요해. 왜냐하면 말이란 끝까지 듣지 않으면 마지막에 어떻게 이야기가 바뀌거나 뒤집어질지 알 수 없기 때문이야. 또한, 듣다가 이해가 되지 않거나 궁금한 점이 생기면 물어 봐야 해. 상대방의 기분이 상하지 않게끔 확인하는 것은 좋은 듣기 자세란다. 그때그때 질문하거나 내가 아는 사실을 덧붙여 반응해 주면 상대방이 더 신나서 이야기하게 되어 있으니까.

이야기 도중에 메모하는 것도 좋은 방법이야. 내용을 메모하면 오래 기억할 수 있을 뿐만 아니라, 말하는 사람도 긴장하고 좀 더 진지한 자세로 이야기하게 되어 있지. 부득이하게 상대의 이야기를 끝까지 듣지 못하는 경우가 생기기도 해. 그때는 꼭 상대방에게 다시 돌아와서 이야기를 듣겠다고 양해를 구하는 자세가 필요하지.

　세상에는 혼자 할 수 있는 일보다는 함께해야 하는 일들이 더 많아. 그래서 항상 남의 말을 경청하는 자세가 필요하고, 그래야 제대로 된 지식을 습득할 수 있어. 실제로 다른 사람과 협력해 보면 말을 잘하는 것보다 잘 듣는 게 더 어렵다는 걸 알게 될 거야. 그렇지만 듣기를 노력하다 보면 내 옆에 좋은 사람이 많아진다는 걸 경험하게 되지. 물론 사람들과 협업하는 능력도 향상되고 말이야.

　잘 듣는 사람은 어느 단체에서든 없어서는 안 될 사람이 돼. 학교에서 모둠 활동을 해 본 적이 있다면 아마 무슨 뜻인지 잘 알 거야. 팀원 모두의 의견을 잘 듣고 수렴해서 일을 진행하는 팀장과 자기 주장만 내세우는 팀장 중에 어떤 사람과 같이할 때 즐거운지 생각해 보면 알 거야.

유쾌한 사람과 함께

나는 '재미있는 사람'이라는 이야기를 듣고 싶어. 내 유머가 잘 통해서 사람들을 웃기면, 그렇게 기분이 좋을 수가 없어. 유머를 즐기다 보니 유쾌한 사람 혹은 자신감 넘치는 사람으로 평가를 받곤 해.

사실 내가 작업하는 동화나 만화책에는 유머가 기본적으로 꼭 들어가게끔 쓰고 있어. 독자들이 좋아하거든. 때문에 나름대로 유머 공부도 많이 하고 있지.

아재 개그의 1인자인 도복이는 나서서 엉뚱한 아재 개그를 한마디 해 줍니다.

"야, 우리나라 애들이 점점 줄어들잖아. 그래서 산부인과 의사들이 등산을 많이 간대. 어느 산으로 가는지 알아?"

"몰라."

"히히, 그럴 줄 알았어. 그건 바로 출산이야!"

내가 쓴 책 《초등 래퍼 방탄-유튜브를 점령하라》에 나오는 아재 개그야. 저출생으로 학교가 폐교되는 심각한 상황을 유머로 풀고 있어. 유치하다고 생각할 수 있지만, 독자는 웃으면서 한 번 더 이 책이 갖고 있는 메시지를 자연스럽게 받아들이게 되는 거지.

우리는 유머를 아는 사람이 될 필요가 있어. 유머를 아는 사람에겐 언제나 여유가 있고, 반짝반짝하는 아이디어가 있는 법이야. 개그맨들의 배우자 중에는 미인들이 많아. 외모로 이야기하는 건 좀 그렇지만 어떻게 저런 미인이 우스꽝스러운 용모를 가진 개그맨과 결혼했을까 싶은데, 그 배우자들의 이야기를 들어 보면 자기 남편의 유머 감각이 늘 자기를 행복하고 즐겁게 해 준다는 거야. 역시 유머는 정말 강력한 힘인 것 같아.

유머가 있는 사람은 항상 주변에 사람들이 몰려든단다. 밝은 에너지를 가진 유쾌한 사람과 함께 일하고 싶어 하는 거지. 같은 일도 웃으면서 하는 것과 인상을 쓰면서 하는 건 힘든 정도에도 분명한 차이가 느껴지잖아. 그러니 '항상 나는 사람들에게 재미있는 이야기로 웃음과 즐거움을 주면서 살겠다'는 마음 자세를 가지면 좋아.

"어떤 일이 예의에 어긋나고 정도를 벗어났다 하더라도 곧 화를 내지 마라. 사람들은 대개 큰일보다 사소한 일에 화를 내기 쉬운데, 그 순간 조금 방향을 돌려 유머러스하게 응한다면 불쾌한 감정이 사라지고 분위기가 화기애애해질 수 있다. 사람은 상황이나 말이 우습기 때문에 웃기도 하지만 표정을 우습게 가짐으로써 우스운 기분이 들기도 한다. 내용이 형식을 결정하기도 하지만 형식이 내용에 영향을 미치기도 한다는 것을 기억하라. 해진 옷을 입으면 상쾌하던 기분이 우울해진다. 반대로 산뜻한 옷으로 갈아입으면 우울하던 기분도 상쾌해지는 것은 그 때문이다."

프랑스의 철학자이며 평론가인 알랭Emile Auguste Chartier Alain의 말인데, 나의 생각과 같단다. 유머는 분위기만을 전환하는 게 아니라 생산성을 높이고, 협력하면서 커다란 일을 해낼 수 있는 에너지를 주지.

캐나다의 웃음 연구가인 캐트린 펜웍은 직장인들을 상대로 조사를 해 보았단다. 그 결과, 웃음이 작업 능률을 높이는 데에 무척 도움이 된다는 결론을 내렸어. 유머 덕분에 얻어진 웃음이 무기력을 쫓아내고 변화에 대한 적응력을 높여준대.

그리고 웃다 보면 쉽게 의사소통이 이뤄져서 스트레스가 줄어든다는 거야. 딱딱한 상하관계에 웃음이 들어가면 아주 부드러워지는 거지.

어디 그뿐이야? 유머는 창의력을 길러 주고 자신감을 가득 채워 줘서 업무 추진력과 성취력을 북돋아 준다는 거야. 유머는 한마디로 복잡한 현대 사회에서 내가 갖춰야 할 가장 강력한 무기야.

이런 이론을 회사 경영에 직접 적용한 곳도 있어. '펀fun 경영'이라고 표현하는데, 다음과 같이 정의한단다.

펀 경영: 직원들에게 활력을 주고 즐겁게 일할 수 있도록 하는 경영자의 리더십을 통해 재미를 삶의 에너지로 바꿔 직원들의 자발적인 참여와 헌신, 창의력을 이끌어 내는 관리 방식을 말한다. 이를 통해 직원들은 고정된 일상 관념을 타파하여 친근감과 사회성, 창의력 발달을 이룰 수가 있고, 직장에서는 긴장을 해소하여 노사분규를 방지하고 집중력 및 생산성을 높일 수 있다는 장점이 있다.

지금부터라도 인터넷이나 책에서 유머 한두 개씩은 꼭 찾아 메모함으로써 나의 것으로 만들어 보길 바라. 유머야말로 거칠고 험한 세상을 헤쳐 나가는 데 필요한 한 줄기 시원한 소나기니까. 그리고 무엇보다 유연하고 세련된 무기이자 경쟁력이야. 나의 유머가 사람을 모으고 그들과 손쉽게 협동하고 성과를 내게 해 줄 거야.

나도 성장하고 남도 성장하는 전략

어려운 말이지만, 상생相生과 상극相剋이라는 말이 있단다. 상생은 서로 도와주며 살아간다는 뜻이고, 상극은 서로 딛고 일어서서 이겨 내려 애쓴다는 뜻이지.

좀 더 자세히 이야기하면, 경쟁하고 상대방을 어떻게 해서든지 눌러 이기는 것은 상극이지만 협조하고 도와주며 살아가는 것은 상생이야. 상생을 영어로는 윈윈Win-Win 전략이라고 말하지. 너도 이기고, 나도 이기자는 뜻이야.

현대 사회는 복잡하고 다양하게 얽혀 있기 때문에 나 혼자서 모든 일을 독단적으로 행할 수는 없어. 누군가와 함께 일하고, 누군가와 손을 잡거나 협조하면서 일을 추진하게 되지. 협력할 때는 함께 일하는 사람, 즉 파트너와 어떠한 관계를 형성하느냐가 일의 성패를 결정할 만큼 중요하단다. 이럴 때야말로 윈윈 전략을 택해야 해. 어느 한쪽이 손해를 보고 다른 한쪽은 이익을 보는 일이 있어서는 안 돼. 한마디로 모든 사람이 이익을 보는 방향을 생각하고 머리를 써야 하는 거야.

내가 초등학교 1학년 때의 일이야. 처음 교실에 들어갔는데 담임 선생님이 칠판에 멋진 그림을 하나 그려 놓았어. 커다란 사자와 생쥐 한 마리였지. 선생님은 그 그림을 보여 주시면서 이야기를 하나 들려주셨어. 쥐가 사자에게 붙잡혔는데 사자가 잡아먹지 않고 살려 줬더니 나중에 사자가 사냥꾼에게 잡혔을 때 쥐가 그물을 끊어서 도망칠 수 있게 도와 줬다는 우화였어.

이 이야기를 단순히 친구와 서로 도우며 살라는 내용으로만 받아들일 수도 있지만, 나는 이 이야기에서 윈윈 전략을 발견했어. 쥐를 살려 줘서 사자도 결국 살게 된 거니까. 만약에 그때 쥐를 잡아먹어 버렸다면 사자도 결국 사냥꾼에게 잡혀서 가죽이 벗겨지고 말았을 거야.

사람과 사람의 만남도 이래야 한다고 생각해. 친구가 어려운 지경에 빠졌을 때 도와주는 것은 친구도 살리지만 언젠가 내가 어려움에 처했을 때 그에게 도움을 받을 수 있으니, 결국엔 나 자신을 돕는 거야.

동양의 고전인 《역경易經》에서는 윈윈을 협조라는 말로 표현하고 있지.

"성실한 마음으로 남과 서로 친하여 협조하면 아무 허물이 없을 것이다. 마음속에 가득 차서 넘칠 만큼 순수한 성의가 있으면 마침내 생각지 않은 뜻밖의 길한 일이 있을 것이다."

내가 상대방을 도와줌으로써 상대방이 승리하고, 또 그 상대방의 승리로 인해서 나 역시 승리할 수 있는 전략, 이러한 인간관계는 오래 지속되지.

친구가 영어를 잘 못하면 영어를 가르쳐주고, 그 대신 그 친구가 잘하는 과목을 그에게 배움으로써 서로 부족한 부분을 채워 준다면 모두에게 좋은 결과를 얻을 수 있겠지. 경쟁

한답시고 친구가 영어를 가르쳐 달라고 할 때 도와주지 않고, 친구도 너에게 아무런 도움을 주지 않는 건 어리석은 짓이야. 결국 둘 다 발전이 없을 테니까. 내 주변 사람들이 성공하기를 바라는 마음을 가져야 너도 그들과 함께 더불어 큰일을 할 수 있단다.

4장
시행착오

새로운 것을 시도하고 실수하는 과정 속에서 배우는 것이 있단다.
될 때까지 노력하다 보면 마침내 최적의 방법을 찾게 되거든. 지금
너희들은 실수해도 괜찮은 나이야. 왜냐하면 아직 어리고 젊으니
까! 한두 번의 실패나 좌절로 기죽지 말고 다시금 일어나 행동하는
너에게 언젠가는 가장 좋은 열매가 맺어질 테니까 힘을 내!

거짓말은 더 큰 거짓말을 낳고

고등학교에 다니던 시절의 일이란다. 한문 과목을 교무 주임이신 국어 선생님이 맡으셨어. 인물이 좋고 풍채가 넉넉한 분이셨는데, 항상 웃는 얼굴로 한자를 가르쳐 주셨지. 숙제도 언제나 내주셔서 학생들은 집에서도 한자를 쓰고 익혀야 했어.

선생님의 성격이 부드럽고 좋으셨기 때문일까, 어느 날부터인가 아이들은 조금씩 나태해지기 시작했어. 몇몇 학생이 숙제를 안 해왔지. 그래도 선생님은 이렇게 말씀하시는 거야.

"다음엔 숙제 꼭 해와라."

선생님은 그 말만 하시곤 더 야단을 치지는 않으셨어.

그러던 어느 날, 무려 10여 명의 학생이 숙제를 해오지 않았어. 그날은 선생님도 화가 나셔서 아이들을 모두 교실 앞으로 나오라고 한 뒤에 회초리를 드셨어. 요즘은 체벌이 금지되어 있지만 과거엔 체벌이 사랑의 매라고 허용되다 못해 권장하는 부모님도 있는 사회 분위기였단다. 우리 아버님도 그런 분 가운데 한 분이었지.

선생님께서는 매를 대기 전에 학생들에게 숙제를 못 해온 이유가 있는지 물으셨어. 혹시 피치 못할 사정이 있어서 숙제를 못 해왔는데 매를 맞으면 억울할 거라고 생각하셨던 것 같아. 먼저 맨 앞의 학생에게 물으셨어.

"무슨 일로 숙제를 안 했지?"

"집안에 제사가 있어서 큰집에 가느라 못했습니다. 죄송합니다."

선생님은 용서해 주셨단다. 그러자 다음 아이는 노트를 안 가져왔다고 했고, 또 그 다음 아이는 또 다른 이유를 댔지. 그렇게 학생들은 이러저러한 변명을 늘어놓으며 위기를 모면했어. 둘러대는 변명도 참 다양했단다. 아버지가 병원에 입원을 했다, 자신이 다쳐서 병원에 가느라고 못했다 등등, 있는 머리 없는 머리 다 짜내 변명할 구실을 만들어 냈던 거지.

어떤 이유인지 선생님은 다 받아들여 주시더라고. 그러다가 마지막 학생의 차례가 되었어. 선생님은 다시 물으셨어. 우리는 그 녀석이 뭐라고 둘러댈까 궁금해 하며 다들 지켜봤지. 이미 둘러댈 만한 변명은 대부분 다 나왔기 때문이야. 그 학생은 얼굴을 붉히더니 잠시 머뭇거리다 대답했어.

"게을러서 못했습니다."

그 이야기를 듣는 순간 우리들은 모두 간이 오그라드는 것 같았지. '녀석은 이제 죽었다', '게으른 놈이라 하면서 맞겠구나!' 이런 생각을 하고 있었어. 그런데 의외로 굳어 있던 선생님의 얼굴이 환하게 펴지는 거야.

"게을러서 못했다는 그 정직한 대답이 마음에 든다. 이번엔 용서해 줄 테니 앞으로는 게으르게 생활하지 말아라."

선생님다운 충고를 해 주셨어. 그 순간 나는 감동을 크게 느꼈단다. 사실 그날 숙제를 해오지 않은 아이들은 여러 가지 이유를 대긴 했지만, 그건 대부분 거짓말이었어. 게을러서 안 해온 거야. 하지만 다들 매 맞기 싫어서 거짓말했던 거지. 오직 한 사람, 마지막으로 대답한 학생만 정직하게 자신의 게으름을 인정한 거야. 거짓말로 곤경을 빠져나가지 않았던 멋진 친구였다고 생각해.

세상을 살다 보면 곤란하고 난감한 지경에 빠지는 경우가 꽤 많아. 어떻게 해서든 모면하고 싶고, 둘러대고 싶은 상황이 눈앞에 벌어질 수 있어. 물론 핑계를 대거나, 다른 사람의 잘못으로 둘러대거나, 거짓말을 하는 방법도 있겠지. 하지만 거짓말도 안 통하고 둘러댈 핑계도 없는 상황이 언젠가는 꼭 생기게 마련이야. 그럴 땐 어떻게 해야 할까? 대부분의 사람들은 더 큰 거짓말, 더 큰 변명으로 상황을 빠져나가려고 하지. 그러나 그렇게 빠져나간다 해도 나중엔 다시 더 큰 올가미가 죄어올 뿐이야.

이럴 때 '정직함'이라는 용기를 내보라고 이야기해 주고 싶어. 언제 어떤 상황에서도 정직하겠다고 각오하고, 정직함으로 인해서 받을 수 있는 손해를 감수하겠다고 마음을 먹는 거야. 그러면 두려움도 없어지지. 계속되는 거짓말이나 변명의 고리도 끊어 버릴 수 있어.

눈앞에 보이는 손해와 불이익을 피하겠다고 잠시 둘러댔다가는 결국엔 더 큰 손해를 보게 되지. 스페인의 대표적인 소설가이며, 풍자 소설 《돈키호테》로 유명한 세르반테스의 말이 도움이 될 거야.

"정직함은 진실을 사랑하는 마음에서 나온다. 정직함은 최고의 처세술이다. 정직함만큼 풍요로운 재산은 없다. 정직함은 사회생활에 있어서 지켜야 할 최소한의 도덕률이다. 하늘은 정직한 사람을 도울 수밖에 없다. 정직한 사람은 신이 만든 것 중 최상의 작품이기 때문이다."

우리나라에도 비슷한 이야기가 있어. 조선 숙종 때 이관명李觀命이라는 관리가 있었어. 그가 경상도 지방을 순시하고 돌아와 왕에게 보고했지.

"후궁이 소유한 땅에서 백성들을 심하게 수탈하옵니다."

이 말을 들은 왕은 화를 버럭 냈어. 감히 신하가 왕실의 권위에 도전한다고 생각했기 때문이야. 이관명은 왕의 그런 모습을 보고 실망해 깨끗이 벼슬을 내놓고 궁을 나갔어. 왕은 이내 정신을 차리고 정직하게 두려움을 무릅쓰고 직언한

신하를 이대로 보내면 안 되겠다고 생각했지. 그래서 바로 그를 불러 그 자리에서 더 높은 벼슬을 제안했단다.

"부제학을 제수하라!"
"아니옵니다. 저는 더 이상 벼슬을 원하지 않습니다."
"그러하면 대제학에 임명한다."
"거두어 주옵소서."

이렇게 신하가 오히려 높은 벼슬을 거부하는 지경에 이르렀어. 마침내 이관명은 왕의 제안을 받아들여 호조판서가 되었단다. 호조라면 육조의 하나로, 호구, 공납, 부사, 조세 및 국가 재정을 담당하는 기관이야. 오늘날 재정경제부 장관인 셈이지. 정직함이 주는 통쾌함이 담긴 이야기야.

실수나 잘못은 누구나 할 수 있어. 그런 상황이 닥칠 때 가장 빠르게 문제를 해결하는 방법은 솔직하게 인정하는 거야. 정직함은 용기를 필요로 한단다. 비겁한 자는 절대 정직할 수 없지. 남 탓 하느라 바쁘고, 변명하느라 바쁘고, 상황을 모면하기에 바쁘니까.

정직함으로 난관을 헤쳐 나가고 당당하게 자신의 일을 해 내는 사람은 다음번엔 같은 실수를 하지 않아. 불필요하거나 부적합한 행동은 점차 줄어들거든. 실수와 실패를 인정하고 교정함으로써 학습 효과가 나타나는 거지. 거짓말은 거짓말을 낳을 뿐, 어떤 변화도 이끌어 내지 못한다는 사실을 기억했으면 좋겠어.

계획표는 고쳐 써도 괜찮아

학교에 갔다 오자마자 바로 학원에 가고, 잠을 줄여 가며 공부하는 학생들을 보고 있으면 안쓰러운 마음이 먼저 든단다. 수험생들 중에는 지쳐서 아무 생각이 없는 것처럼 보이는 친구들도 있어. 즐거움도 없어 보이고, 감정도 없는 것 같지. 세상 모든 시름을 다 떠안은 것처럼 보이기도 하고.

하지만 청소년 시기는 열심히 배우고 노력을 통해 자신이 목표한 곳으로 나아가야 하는 때이니 고생스러움이 어쩔 수 없다는 생각이 들긴 해. 나 역시 학교 다닐 때 시험 날짜가 잡히면 공부 계획을 세웠었어. 어느 날에는 무슨 공부를 몇 시간 하겠다는 식으로 구체적인 계획을 짜서 시험 준비를 했었지. 그땐 어쩔 수 없이 일상이 공부 중심이었어.

'월요일엔 학교에 다녀와서 6시까지 수학을 하고, 저녁밥을 먹은 뒤엔 9시까지 영어, 그리고 11시까지 사회를 공부해야지.'

계획을 세울 땐 정말 다 이룰 수 있을 것 같아. 성적 향상이라는 목표를 정해 두고 밤잠을 줄여 가며 열심히 공부하는 건 아마 동서고금을 통틀어 모든 학생들이 비슷할 거야.

하지만 성적 향상이란 목표는 달성하기가 쉽지 않아. 첫 번째 이유는 사람의 천성이 게으르기 때문이지. 편한 거 싫어하는 사람은 없을 거야. 하기 싫은 걸 참고 하는 건 본능을 거스르는 거란다. 흔히 작심삼일作心三日이라는 말을 하잖아. 결심을 굳게, 이를 악물며 해도 사흘만 지나면 그 결심이 무너지고 마음이 해이해져서 결국엔 실행하지 못하게 될 때가 있어. 공부 계획이라는 게 특히 그럴 때가 많은 것 같아.

두 번째 이유는 상황이 수시로 바뀌기 때문이야. 깜박 잠이 들었는데 피곤에 절어 잠시 잠들었다가 깨어나 보니 아침이라면, 계획은 하나도 못 지킨 게 되잖아. 두세 시간이면 끝날 줄 알았던 과목 공부가 의외로 오래 걸릴 수도 있고, 그 밖에도 예상치 못한 일들이 얼마든지 생길 수 있단다. 그런 경우에도 우직하게 정한 목표대로 수정 없이 계획을 추진해 나가는 게 과연 옳은 일일까?

고구려 양원왕 시대의 사람인 왕산악은 뛰어난 정치인이면서 음악에도 정통한 사람이었단다. 중국에 다녀온 사신이 줄이 일곱 개인 칠현금을 가져왔는데, 아무도 그 악기를 연주할 줄 모르니까 할 수 없이 왕산악이 연주하게 되었어.

왕산악은 혼자서 노력에 노력을 거듭한 끝에 그 악기를 연주해 냈어. 하지만 연주법을 익히고 나서 보니 칠현금은 우리나라 전통음악을 연주하기엔 맞지 않는 악기였지.

그는 중국 악기 연습하는 걸 멈췄어. 계획을 바꿨지. 우리나라 전통음악과 정서에 맞는 악기를 개발하겠다고 마음을 바꾼 거야. 그 결과 마침내 맑고 중후하면서 우렁찬 소리를 내는 악기를 만들었단다. 그 악기가 바로 거문고야.

공부 계획도 마찬가지란다. 독하게 마음먹은 첫날엔 시험 공부를 열심히 하지. 하지만 다음 날이 되면 피곤해서 또는 다른 일이 생겨서 계획에 차질이 생기곤 해. 그렇게 사흘이 지나면 굳은 결심은 이내 해이해지고 화려하게 짜놓았던 공부 계획은 어그러지고 말아.

그래서 내가 선택한 방법이 바로 작심삼일 공부법이야. 즉 사흘에 한 번씩 다시 결심하는 거야. 혼자 세우는 계획표는 누구에게 검사 받는 게 아니잖아? 그래서 공부가 된 것은 된 것대로, 안 된 공부는 안 된 대로 계획을 새롭게 짜지. 이렇게 사흘에 한 번씩 계획을 수정하면서 다시 짜다 보면 드디어 시험을 맞이하게 돼. 애초의 계획을 지킨 건 아니지만, 계속 일정을 수정하면서 공부를 지속해 나갈 수 있는 거지.

목표한 바를 향해서 꾸준히 준비하고 노력하지만, 상황에 따라 노력을 다하지 못했을 때는 즉시 방법을 바꿔야 해. 그리고 다시 도전해야지. 작심삼일은 창피한 게 아니란다. 어떤 일이든 예측한 대로 맞아떨어지는 건 많지 않아. 그래서 사람들은 예측이 틀릴 때 빠르게 계획을 고쳐서 새로운 상황에 적응하려고 노력하지.

우직하게 원하는 목표를 향해 밀고 나가는 뚝심도 필요하지만, 상황이 달라졌다면 이전 목표를 향해 열심히 뛰어 봐야 소용없어.

　나의 경우도 원래 어릴 적 꿈은 의사가 되는 거였어. 그런데 장애인은 의대 입학 자체가 불가능하다는 걸 알고 나서 국문과로 진로를 바꿨지. 의사에서 작가로 진로를 바꾼 거야. 시간이 흐르고 보니 바꾼 계획이 더욱 멋진 결과를 낳았어. 의사가 된 친구들이 출퇴근이 자유롭고 정년이 없는 작가라는 나의 직업을 부럽다고 할 정도야. 계획표는 고쳐 써도 돼. 나처럼 오히려 멋진 결과가 나올 수도 있으니까.

인내심이 가장 강한 무기다

"인내는 쓰나 그 열매는 달다"는 말을 한 번은 들어 봤을 거야. "강한 자가 살아남는 게 아니라 살아남은 자가 강한 거다"라는 재미있는 말도 있지.

좋은 결과를 얻으려면 참고 견디며 이루어 내야 한단다. 나는 요즘도 하나의 작품을 완성하기까지 수차례 작품을 수정하는 일을 반복해. 어떤 작품은 백 번 고친 것도 있어. 인내심 없이는 해낼 수 없는 일이지. 이것은 시행착오를 줄이는 과정이야. 아래의 문장을 함께 보자.

비디오 아티스트인 백남준 씨는 우리나가 배출한 세계적인 예술가다. 그의 인지도는 전 세계에 알려졌다. 그런 그의 삶에 대해 읽은 글에 이런 대목이 나온다. 뉴욕의 젊은 예술가들이 쫓아와서 물었다.

"당신처럼 유명해지려면 어떻게 해야 하나요?"

백남준은 웃으며 이렇게 대답했다.

"많이 그려라. 싸게 팔아라. 파티에 자주 가라."

"그게 무슨 말씀인가요?"

"그림을 싸게 그려서 많이 팔면 그 자체가 홍보가 됩니다."

"그건 좀 억울하지만 이해가 됩니다. 하지만 파티에 가라는 건 무슨 뜻이죠? 알 수가 없습니다."

"파티에 가서 사람들을 수없이 만나세요. 거기에 갈 때는 명함을 많이 가지고 가세요. 가서 뿌리세요. 자신을 널리 알리세요. 그러다 보면 기회가 올 겁니다."

나는 원고를 출판사에 보내기 전에 컴퓨터에서 파일을 불러서 고치고 다듬은 뒤 출력하고, 출력한 종이에 다시 빨간 펜으로 고치고 다시 입력하는 일을 여러 번 반복하는데, 아래는 앞의 글을 고쳐 본 거란다.

백남준 씨는 오래 전에 젊은 예술가들이 당신처럼 유명해지려면 어떻게 해야 하냐고 물어 보자 이렇게 대답했다.

"많이 그려라. 싸게 팔아라. 파티에 자주 가라."

그림을 싸게 그려서 많이 팔면 그 자체가 홍보가 된다. 하지만 파티에 가라는 건 무슨 뜻일까? 사람을 많이 만나고 가급적이면 자신을 홍보하고 마케팅을 열심히 하라는 뜻이다. 파티에 가야 사람들에게 소개를 받고, 그 소개를 통해 친구를 만나고, 친구를 통해 새로운 세계로 나아가며 자신의 예술을 알릴 수 있기 때문이다.

길고 장황했던 글이 간결하게 다듬어졌어. 훨씬 읽기 좋지? 그렇다고 처음에 쓴 글이 잘못되었다는 게 아니야. 더 낫게 만든 거지. 그러려면 정말 고통스럽단다. 힘들 게 쓴 글을 고치고 또 고치는 건 괴로운 일이거든.

하지만 그런 과정들마저 인내할 줄 아는 사람만이 꿈을 이룰 수 있지. 그리고 이 세상의 수많은 업적들 중엔 참고 견디며 이루어 내지 않은 것이 하나도 없단다.

인도 건국의 아버지인 간디는 식민 통치하던 영국이 소금 전매법을 시행하자, 사람에게 꼭 필요한 소금을 가지고 이익을 취하려는 영국의 처사에 항의하기 위해 '소금을 위한 행진'을 벌이기로 결심했단다.

처음 이 행진은 바닷가로 직접 가서 소금을 만들겠다는 목적으로 시작됐어. 그때 모인 인원이 76명이었어. 그런데 24일이 지나자 동참한 사람은 1천 명을 훌쩍 넘었고, 무더위와 배고픔, 갈증으로 쓰러지는 사람들까지 줄지어 나왔지. 하지만 간디와 그의 일행은 인내한 끝에 마침내 바닷가에 도착해 직접 소금을 만들 수 있었단다. 간디는 다음과 같이 말했지.

"어떤 사람이든 추위, 더위, 배고픔, 목마름을 이기지 못하고 불쾌한 일을 참고 견디는 힘이 없다면 결코 인생의 승리자가 될 수 없다. 그런 사람은 결코 빛나는 명성을 얻을 수 없을 것이다. 인내는 정신의 숨겨진 보배이다. 그것을 활용할 줄 아는 사람이 현명한 사람이다."

'넷플릭스' 시리즈 가운데 세계인들을 열광하게 만든 〈오징어 게임〉에서 '깐부 할아버지'로 불리는 오일남이라는 역할을 맡은 오영수씨는 원래 영화 배우가 아니라 연극 배우란다. 이 배우는 이 드라마로 제79회 골든글로브 시상식에서 TV 드라마 부문 남우조연상을 수상했지.

오영수 배우는 내가 대학생 때 대학로에 가서 그의 연극을 봤을 정도로 오랜 기간 연극 무대를 떠나지 않은 사람이란다. 그런 그에게 아카데미보다 보수적이고 지역적인 골든글로브가 외국 배우에게 상을 주고 경의를 표했어. 이례적인 일이지. 그가 그 자리에 서기까지 수없이 많은 어려움과 끈질긴 노력이 있었다는 건 누구나 짐작할 수 있단다.

나도 독자들에게 사랑받고 깨달음을 줄 수 있는 글을 쓸 때까지 열심히 노력하려고 해. 결과에 연연하지 않고 극기와 인내심으로 어려움을 견뎌 내면서 목표를 향해 나아갈 거야.

지금 좋아서 하고 있는 일이 있니? 좋아하진 않지만 꼭 해야 하기 때문에 하고 있는 일이 있어? 열심히 하고 있다면 실패하고 실수해도 괜찮아. 그러면서 점점 더 나아지는 거니까. 그럴 땐 인내심이라는 친구가 나에게 위안을 줄 거야. 다시 열심을 다해 해 보는 거야.

미국의 전설적인 방문 판매왕 빌 포터는 뇌병변 지체장애인이야. 그의 직업은 외판원이었는데, 집집마다 세제를 팔러 다녔지. 그런데 사람들이 잘 사 주질 않는 거야. 하지만 빌은 포기하지 않았단다. 오히려 새로운 집이 눈앞에 나타날 때마다, 그 문을 두드릴 때마다 더 신이 났대. 왜 그랬냐고 물으니 그는 이렇게 대답했지.

"이 수많은 집 가운데 어느 집은 나의 물건을 사 줄 거잖아요. 그 집이 나를 기다리고 있으니 한 집이 거절하면 그만치 그 집을 만날 시간이 다가오는 거라고 생각해요. 그렇게 생각하면 얼마나 기쁜가요."

정말 놀라운 생각의 전환이야. '성공' 아니면 '실패'라는 이분법적인 생각으로 모든 상황을 이해하기보다는 이번에 아니면 다음번엔 될 거라는 긍정적인 생각을 갖고 있는 거지. 그러한 마음가짐을 가지고 있으면 당장 어떤 문제가 해결되지 않더라도 낙심하지 않아.

인내심이라는 건 어려움을 참고 견디는 마음이라서 힘들기도 하지만, 좋은 결과를 얻을 것이라는 기대감이 있다면 즐겁게 이겨 낼 수 있는 수고스러움이기도 해.

작은 실패에 넘어지거나 속상해하지 말고 툭툭 털고 일어날 수 있기를 응원할게.

약속을 어긴 날

문학 동인으로 처음 만난 지인이 있었단다. 그는 시를 쓰고, 나는 소설을 쓰기 때문에 함께 문학을 이야기하고 동인지를 내면서 많이 친해졌지.

어느 날, 동인지를 만들기 위해 시 쓰는 사람 몇 명과 함께 만나 의논하기로 약속했는데, 약속 장소에 내가 10분 정도 늦게 도착했어. 그 지인은 벌써 도착해서 책을 읽고 있었지. 곧 다른 사람들도 도착할 줄 알고 기다렸는데, 고작 다섯 명의 회원이 다 모이는 데까지 한 시간이나 걸렸단다.

"자, 이제 작품을 봅시다."

우리는 약속했던 시간이 한참 지난 후에야 비로소 머리를 맞대고 본론을 전개했어.

그 후 몇 번 더 모일 기회가 있었는데, 그는 한 번도 시간 약속을 어긴 적이 없었단다. 그래서 하루는 그보다 먼저 가 있으려고 20분 정도 빨리 약속 장소에 도착해 봤어. 그런데 그때도 그는 벌써 도착해 책을 읽으면서 시를 쓰고 있었어. 그에게 늘 약속 시간보다 일찍 오느냐고 물었더니 자기가 세상에서 가장 싫어하는 사람이 시간 약속을 안 지키는 사람이라는 거야.

"자기 시간은 소중하고 남의 시간은 아무렇지도 않게 여기는 자세가 가장 싫지요."

그를 만난 뒤로 나는 시간 약속을 잘 지키려고 더 노력하는 사람이 되었단다.

나는 주로 직접 운전해서 자동차로 다니기 때문에 그날의 교통 상황이 약속 시간을 지키느냐 못 지키느냐를 좌우할 때가 많아. 그런데, 사실 교통 상황은 시간 약속을 못 지킨 것에 대한 합당한 이유가 못 되지. 변명일 뿐이야. 하루 이틀 운전하고 다니는 것도 아닌데, 서울 시내 교통 체증이 심하다는 걸 뻔히 안다면 더 일찍 출발했어야 맞는 거니까.

약속 시간보다 일찍 약속 장소에 도착하면 좋은 점이 참 많아. 가장 편하고 좋은 자리가 어디인지도 미리 알 수 있고, 주변을 살펴볼 수도 있지. 또한 만날 사람과 나눌 이야기를 미리 생각해 볼 여유를 갖게 된단다.

시간 약속을 잘 지키는 것은 상대방에 대한 예의인 동시에 나 자신에 대한 준비야. 항상 남들보다 10분 이상 먼저 도착해서 기다리는 자세, 그것은 성실함과도 통하기 때문에 약속 시간을 철저히 지키도록 노력해야 한단다.

만약 약속을 자주 어기는 사람이 있다면 습관의 문제인지, 상대에 대한 배려가 부족한 사람인지 살펴볼 필요가 있어. 물론 둘 다 옳지 않은 거야. 누구에게나 한두 번의 실수는 있을 수 있지만, 그것이 반복된다면 반드시 고쳐야 할 행동이니까.

국가와 민족 간에도 서로 약속이라는 걸 한단다. 그 약속이 지켜지지 않을 경우엔 전쟁이 일어나기도 하고, 사회가 불안정하게 되지. 가령, 국가의 운명을 결정짓는 중요한 일을 계획하고 협의 과정을 거쳐 서로 약속을 했는데 한쪽이

이 약속을 지키지 않아서 일을 그르치거나 갈등 관계로 발전하는 모습을 우리는 역사 속에서 종종 보게 되잖아.

가장 생생한 예는 홍콩이야. 홍콩은 100년간 영국이 다스리고 있었단다. 청나라가 아편전쟁에서 패전한 대가였지. 그런데 1984년에 영국과 중국은 홍콩의 반환 시기가 다가오자 '영·중 공동선언(홍콩 반환 협정)'에서 '일국양제' 원칙을 분명히 적었어. 사전적 의미는 '하나의 국가, 두 개의 제도one country, two systems'라는 뜻이야. 중화인민공화국이라는 하나의 국가 안에 사회주의와 자본주의라는 서로 다른 두 체제를 공존시킨다는 약속이지. 그리고 홍콩은 홍콩인들이 다스릴 것이며, 이런 자치제도를 2047년까지 보장한다는 내용도 담았어. 그리고 간선제로 뽑던 행정장관도 2017년부터는 직선제로 바꾸겠다고도 약속했지.

그런데 시간이 흐르자 중국은 국제사회와의 약속을 손바닥 뒤집듯 뒤엎었어. 중국 공산당의 뜻대로 조종하는 홍콩을 만들어 버리고 싶었던 거지. 1인당 국민소득이 5만 달러에 가깝던 경제 선진국이었던 홍콩이 자유가 사라진 나라가 되어 가는 걸 우리는 보고 있단다. 약속은 지켜져야 의미가 있는 법인데, 한쪽이 일방적으로 지키지 않을 경우엔 이처럼 불행한 결과를 초래하게 돼. 국가의 국제적인 신용도 역시 떨어질 수밖에 없고 말이지.

사진 발명가로 알려진 다게르Louis Jacques Mandé Daguerre는 죽은 사람과의 약속을 지킨 것으로 유명해. 프랑스의 화학자였던 니에프스Joseph Nicéphore Niepce가 사진기를 연구할 때 화가인 다게르도 비슷한 것을 궁리하고 있었어. 두 사람은 서로 정보를 교환하다가 1829년에 공동으로 사진 기술을 연구하기로 합의를 보았단다. 두 사람 중에 어느 한쪽이 먼저 성공해도 그 이익을 똑같이 나누기로 약속했지.

1833년에 니에프스가 먼저 세상을 떠났고, 몇 년 뒤 다게르는 드디어 사진술을 완성하게 되었어. 하루아침에 프랑스의 영웅이 된 그는 많은 상금을 받았어. 놀라운 것은 그가 이미 세상을 떠난 사람과 약속을 지켰다는 점이란다. 프랑스 의회는 다게르의 요청에 따라 다게르와 니에프스에게 상금을 나눠 주었던 거야. 죽은 사람과 약속을 지킨 다게르의 인격이 돋보이는 대목이지.

나는 다게르가 훌륭한 인격을 가졌기 때문에 하늘이 사진술을 개발할 수 있게 허락하지 않았나 하는 생각이 들어.

타인과의 약속을 지키는 것은 자기 자신의 존엄성을 지키는 것과 다름없다고 말할 수 있단다.

나는 약속을 지키기 위해 매우 노력하는 사람이란다. 특히 시간 약속은 더욱 예민하게 챙기는 편이지. 하지만 그런 나도 큰 실수를 한 적이 있어.

"고정욱 선생님, 아이들 모두 준비시키고 있습니다. 어디쯤 오셨어요?"

월요일 아침에 전화가 왔단다. 인천의 어느 초등학교 선생님이래. 나는 그날 강연이 없는 줄 알고 모처럼 푹 늦잠을 자고 있었거든.

"네? 선생님, 오늘 강연이 있나요?"
"오늘 ○○초등학교 10시부터 강연하기도 하셨잖아요."
"그럴 리가요. 제가 수첩에 꼭 약속을 적는데요."

당황한 나는 얼른 다이어리를 펼쳐 보았단다. 그런데 놀랍게도 거기엔 그 학교의 강연 스케줄이 선명하게 적혀 있는 거야.

"서, 선생님. 제, 제가 실수를 했네요. 곧 가겠습니다. 아이들한테는 제 〈가방 들어주는 아이〉 드라마를 유튜브에 들어가서 틀어 주세요. 죄, 죄송합니다."

나는 바쁘게 옷을 걸치고 차에 올라 인천의 학교까지 달려갔어. 이미 약속 시간을 넘긴 9시 30분에 출발했으니 늦는 건 당연한 일이었지. 정말 지옥이 따로 없더구나. 진땀 흘리며 달려가니 10시 40분. 학생들이 지겹다는 표정으로 강당에 앉아 있는 거야. 선생님들의 냉랭한 시선을 받고 있자니 뭐라 할 말이 없었어.

"죄송해요. 약속을 못 지켜서. 내가 수첩에 적어 놓고도 놓쳤어요. 미안합니다."

정식으로 아이들과 선생님들께 사과했어. 그리고 책 선물도 엄청 가지고 가서 나눠 주고.

약속을 어기는 게 얼마나 큰 죄인지 새삼 느꼈지. 그 이후로 나는 강연 일정을 더욱 꼼꼼하게 체크하고 관리한단다. 그래서 이제는 같은 실수를 하지 않지. 한 번 강연 갔던 학교나 도서관에 다시금 초청을 받아 가는 경우가 꽤 되는데, 그 이유 중에 하나가 약속을 잘 지킨다는 점도 있을 거야. 약속은 신뢰와 매우 밀접하게 연관되어 있는 거거든.

비판을 발전의 밑거름으로

누군가가 지적을 해 주면 정말 고맙게 받아들여야 해. 그
말이 나를 발전시키기 때문이지.

"고 선생님, 이번에 써 주신 원고는 싹 다 다시 쓰셔야 해
요. 기획 의도와 전혀 맞지 않습니다."

"네, 제가 잘못 이해했군요."

"저희는 자기계발이 아니라 요즘 힘들고 상처 입은 어린
이들을 위한 힐링의 동화를 요청했더랬어요."

"다시 수정하겠습니다."

나는 이런 식으로 출판사나 잡지사의 편집자들과 대화를 많이 나눠. 편집자는 작품의 문제점과 좋은 점 등을 전반적으로 검토하고 더 좋은 책이 될 수 있도록 노력하는 사람이니까. 다시 말해서 내 글을 봐 주는 전문가라고 할 수 있지. 그들은 내 글만 보는 것이 아니라 수많은 사람들의 글을 보기 때문에 안목이 있어. 그래서 객관적으로 내 글을 판단해 준단다.

내가 원고를 써서 편집자에게 보내면 십중팔구는 보강할 점, 잘못된 점을 체크해서 보내 주게 마련이야. 그러한 지적은 대부분 비판의 내용을 담고 있기 때문에 듣는 사람은 기분이 상할 수 있어. 나도 사람이기 때문에 열심히 쓴 작품에 대해 "이러한 점이 부족하니 고쳐 달라"고 말하면 기분이 썩 좋지만은 않아.

하지만 그것은 어디까지나 아마추어 같은 생각이야. 나의 작품을 더 좋게 만들어 주려고 노력하는 사람의 지적과 비판이 싫다면 더 이상 발전은 없으니까. 그래서 나는 항상 비판을 겸허하게 받아들이면서 '편집자는 더 좋은 작품을 만들기 위해 애쓰는 사람'이라고 마음을 먹지.

"역시 박편집자님 말씀대로 하니까 책이 좋아졌어요."

이렇게 나중에 좋은 결과가 나오면 나는 진정으로 감사해.

나 역시 처음부터 상대방의 비판을 고마워하며 기꺼이 받아들이는 사람은 아니었단다. 나는 대학에 다닐 때 글을 제법 잘 쓴다는 자긍심을 가지고 있었어. 그런데 내 자긍심을 무너뜨린 일이 발생했어. 대학교 4학년 때 많은 자료를 검토해서 나름대로 최선을 다해 쓴 졸업 논문을 지도교수가 검토했어. 그런데 목차부터 하나씩 비판을 시작하는 거야.

한 시간 가까이 지적을 받으니까 얼이 다 빠지더라고. 얼마나 당황스럽고 자존심까지 상했는지 집에 돌아오는 내내 마음이 쓰려서 혼났단다. 난생 처음으로 내가 쓴 글에 대해 신랄하게 비판을 받아 본 것이었으니까.

'아, 내가 이렇게 엉망이었나?'

처음엔 당황스럽더니 생각할수록 오기가 발동했어.

'다시 한번 쓰자.'

이를 악물곤 지적받은 대로 밤새워 논문을 다시 썼는데, 놀랍게도 내가 생각하기에도 논문이 훨씬 좋아진 거야. 그 경험 이후로 내가 미처 생각하지 못한 부분을 다른 사람이 지적해 주면 고맙게 생각하기 시작했어. 타인의 비판을 달게 받아들여야 작품이 더 좋아지고 더 완성도가 높아지기 때문이지.

인간은 누구나 완벽하지 않기 때문에 남의 비판에 귀 기울이면 좀 더 발전하게 되어 있단다. 그러니 비판에 너그러워져야 해. 감정이 상해 화부터 내거나 바뀌려고 노력하지 않으면 더 이상 발전할 수 없어. 거듭되는 비판도 이겨내고 끝까지 버텨 낼 수 있는 집념, 그것 없이는 어떠한 일도 이룰 수 없으니까.

고려시대 재상인 최승로는 열두 살에 궁에 들어가 관리가 된 뒤 고려 6대왕 성종을 보필했단다. 문하시중이라는, 요즘의 국무총리와 같은 직위에 올랐으니 벼슬아치로서의 영광은 다 맛본 셈이지. 성종은 최승로에게 그동안의 오랜 경험을 바탕으로 왕에게 해 줄 따끔한 비판을 부탁했어.

그러자 최승로는 그간 얻은 교훈을 바탕으로 28가지나 되는 도리를 적어 성종에게 올렸어. 다른 평범한 임금 같았으면 그 내용에 기분이 상했을 텐데, 성종은 비판과 지적을 감사하게 여기며 머리맡에 두고 잠자기 전에 반드시 읽고 하루를 마무리했다고 해. 최승로가 쓴 글이 바로 그 유명한 〈시무 28조〉란다.

최근 학생들을 보면 가정과 학교에서 작은 일에도 칭찬만 받으며 자라서 그런지, 타인의 비판을 공격으로 받아들여서 상처를 너무 크게 받더라고. 또는 한순간에 자신감을 확 잃어버리는 경우들도 있고. 비판하는 목소리를 들을 수 있는 마음 자세가 갖춰지지 않았기 때문에 그런 거야.

생각을 좀 바꿨으면 해. 비판을 백신으로 생각하면 어때? 면역력을 키워 주는 약, 또는 영양제처럼 생각했으면 좋겠다는 말이지. 나를 건강하게 만들어 주는 약으로 말이야. 다른 사람의 비판을 무조건 거부하면서 나만 잘나고 똑똑하다고 생각하는 사람은 발전할 수 없어. 내가 깨닫지 못한 나의 문제점, 나의 글, 나의 사고, 나의 판단, 나의 실력에 대해서 누군가가 지적해 주면 정말 고맙게 받아들여야 해. 그 말들이 나를 발전시키기 때문이야. 비판을 두려워하는 건 실력이 없어서야. 실력 있는 사람이라면 비판을 고맙게 받아들여서 나를 더 발전시킬 수 있어.

열심히 노력하는 사람일수록, 의욕적으로 새로운 것을 시작하는 사람일수록, 계획을 가지고 한 발 나아갈수록 비판받을 일이 더 생길 거야. 잘못을 지적하고 내가 한 일, 성과 등에 대해 문제 제기를 하는 사람들을 기분 나빠하거나 멀리하지 마. 그러한 비판을 달게 받아들이고 발전의 계기로 삼으면 되니까. 발표할 때 비판을 받으면 다음번엔 좀 더 좋은 발표문을 만들어 가면 되지. 좋지 못한 습관이나 태도에 대해서 지적받으면 교정하려고 노력하면 되는 거야.

이러한 과정을 계속 거치다 보면 어느새 마음의 크기와 타인을 바라보는 시각도 확장되는 걸 느낄 거야. 더불어 내가 비판하는 자리에 설 땐, 상대의 기분 상하지 않게 하는 방법까지 자연스레 익힐 수 있고 말이야.

비판은 나의 시행착오를 정면으로 바라보는 거야. 하지만 이런 시행착오는 청소년 시기에 경험할 수 있는 특권이란다. 즐겁게 도전하고 '다시 하면 된다'는 생각으로 즐겼으면 좋겠어.

5장

설렘

새로운 것에 도전한다는 건 낯설고 두렵기도 하지만 정말 설레는 일이야. 뭔가 크고 멋진 일이 생길 거라는 사실을 본능적으로 알기에 가슴이 뛰는 거야. 그동안 마음속으로만 또는 머릿속으로만 계획했던 것이 있다면 시작해 봐. 시작해야 뭔가를 이루는 거니까. 두근두근과 떨림이 있다면 그건 성공 가능성이 더 큰 거야. 너의 도전을 응원할게.

나는 실력자다

"작가님! 혹시 만화책도 만들 수 있으세요?"

"만화요?"

"네, 제가 있는 A시에서 홍보 만화 책자를 만들고 싶다면서 저에게 사람을 알아봐 달라네요. 제가 아는 사람 중에 글 쓰시는 분은 작가님밖에 없어서요."

지인이 갑자기 회의 중에 나에게 물었어.

"그릴 수 있지요."

"정말요? 그림도 잘 그리세요?"

"전공자들처럼 그리지는 못하고요, 학교 다닐 때 대학 신문에 만화를 연재한 적은 있습니다. 만화 콘티 정도는 많이 짜 봤죠."

그렇게 나는 A시의 홍보 만화 작업에 참여하게 되었어. 내가 만든 콘티를 가지고 만화가들이 예쁘게 그림을 그려서 홍보 만화를 완성했지.

대학교 시절, 나는 취미 삼아 그리는 정도의 실력으로 학교 신문에 만화 만평을 연재했었어. 졸업하고 나서는 각종 잡지나 매체에 실을 단편 만화의 콘티 작업을 했었지. 콘티라는 것은 만화가 어떻게 구성될지 짜 주는 일종의 대본이야. 우리가 알고 있는 유명 만화가들 뒤에는 원고를 쓰고 구성해 주는 콘티 작가들이 있단다. 독자들이 재미를 느껴 웃거나 울게 만드는 진정한 실력자가 그들인 셈이지.

실력 없이는 이 험한 세상을 헤쳐 나갈 수가 없어. 나는 강연을 많이 다니지만, 주력 분야인 글을 구성하고 쓰는 능력을 발휘하고 실력을 쌓았기 때문에 지금까지 꾸준히 책을 낼 수 있는 거란다.

글쓰기와 관련한 책을 여러 권 내기도 했는데, 그것도 내가 대학교 때부터 훈련하고 노력하면서 관련 서적들을 사서 읽고 연습한 결과들이란다. 대학에 들어와서부터 글쓰기를 시작해 치열하게 노력한 결과 8년 만에 어느 정도의 수준에 올랐고, 대학 강의를 시작하면서부터는 국어 작문을 가르치게 되었단다. 그래서 교재가 필요해 서점에 나가 봤는데 마땅한 글쓰기 관련 책이 없는 거야. 그래서 아예 내가 새로 썼단다. 그게 바로 1990년에 발간된 《글힘돋움》이라는 책이야. 나의 첫 번째 책이지.

그 뒤로도 우리말, 우리글에 관한 책을 여러 권 발간했지. 이게 가능했던 건 전공을 계속 심화하면서 꾸준히 공부하고 실력을 쌓았기 때문이야. 그 실력을 바탕으로 나는 작가가 되었고, 소설과 수필과 동화, 각종 산문집을 낼 수 있게 된 거야. 실력이 없었다면 어느 출판사에서 나를 지금까지도 찾아오겠어?

진정한 실력자라면 다른 사람의 실력도 인정할 줄 알아야 해. 출판사엔 전문 편집자들이 있는데, 좋은 작가라면 그들이 요청하는 대로 원고를 고쳐 줄 수 있고, 다듬을 수 있어야 한단다. 그걸 제대로 못한다면 실력을 인정받기 어렵겠지.

어디 그뿐이야? 나는 사람들이 새로운 문물을 받아들이고 새로운 것에 익숙해지길 두려워하는 걸 이해할 수가 없어. 어려서부터 기계라든가 과학 과목에 관심이 많아서 그런지, 새로운 기계나 기술을 배워서 사용하는 걸 매우 즐겨. 사진기, 녹음기, 컴퓨터는 물론이고 SNS라든가 인공지능 등에 대해서도 남보다 먼저 관심을 가지고 활용하려고 하지. 새로운 것들이 나타나면 비판하기 전에 받아들여 보는 편이야. 문제는 나중에 보완하면 되는 거니까. 어떻게 보면 기계를 잘 만지고 컴퓨터를 잘 조작하는 것도 실력이지만, 새로운 것을 거부하지 않고 받아들이는 열린 마음이 진짜 실력인지도 몰라.

어느 날 단체에서 아이들을 위한 캠프를 하니까 주제가에 들어갈 가사를 하나 써 달라고 부탁 받았어. 작곡자를 소개해 주면서 작사는 내가 하게 되었지.

"선생님, 작사를 해 보셨어요?"

"아니, 한 번도 안 해 봤어. 하지만 그 정도의 실력은 되지."

나는 멋진 가사를 써 주었고, 작곡가의 손을 거쳐 완성된 그 곡은 캠프에서 아주 잘 불렸단다. 그 이후에도 기회가 생겨서 몇몇 곡을 더 쓰게 되었고.

요즘엔 작곡에도 도전하고 있어. 물론 프로만큼의 실력은 아니지만, 작곡 앱이 있으니 그것을 이용하면 어려울 게 없더라고. 이러한 끊임없는 도전과 새로운 시도가 나의 진정한 실력이라고 생각해.

다양한 일을 해 보고 싶다면 남들이 나를 알아주기 전에 내가 충분한 실력을 갖고 있는지부터 점검해야 해. 부족하다면 실력을 갖추기 위해 노력해야 하고. 설레는 도전을 하려면 실력이 먼저 갖춰져야 하니까.

이 세상에 공짜는 없어. 피, 땀, 눈물을 바칠 때 실력이 쌓이는 거고, 그 실력은 다른 사람들과 협조하고 협업하면서 더 큰 기회를 만들지.

남보다 성공하고 싶다고? 남들이 부러워하는 인생을 살고 싶다고? 그럼 먼저 실력부터 쌓도록 해! 협력이든 경쟁이든, 실력을 쌓지 않으면 아무것도 시작할 수 없으니까 말이야.

그리고 열심히 노력해서 실력을 쌓았다면 나 자신을 의심하지 마. 뭐든 처음부터 잘하는 사람은 없지만, 열심히 노력해서 얻어진 실력은 절대 배신하는 법이 없으니까.

남들과는 다르게, 그리고 새롭게

여행이야말로 낯선 곳에서 색다른 경험을 하고 호연지기를 기를 수 있는 좋은 방법이란다. 하지만 꼭 해외여행을 한다고 해서 경험이 쌓이는 것은 아니야. 국내에 머물러도 주변을 유심히 둘러보면 모든 것이 다 나의 소중한 경험이 될 수 있단다. 문제는 같은 것을 보고 경험하더라도 어떻게 보고 느끼는가야.

낯설고 새로운 환경은 어떤 면에선 불편할 수도 있어. 익숙하지 않으니까 편하지 않거든. 하지만 새로운 것을 귀찮아하지 않고 모험심을 가지고 받아들이는 자세가 참 중요하지. 입체파 미술의 거장인 피카소Pablo Picasso 이야기를 좀 해 볼게. 그가 천재인 줄 알고 있는 사람은 많아. 하지만 그가 자신의 작품을 위해 얼마나 많은 노력을 했고 경험을 쌓았는지 아는 사람은 별로 없는 것 같아.

피카소의 작품을 본 적 있니? 입체파를 대표하는 화가인 그의 초기 작품들은 상당히 사실적이었어. 눈, 코, 입이 멀쩡하게 붙어 있는 정상적인 그림이었다는 이야기야. 그의 화풍이 바뀐 것은 1906년에 한 특별 전시회를 구경한 뒤였어. 고대 인디언과 아프리카 흑인들이 그리고 만든 작품을 보고 그는 큰 충격을 받은 거야. 이미 오래전부터 인디언들은 기하학적인 작품을 만들어 내고 있었던 거지.

신선한 충격에 설렜던 피카소는 여태까지의 화풍을 버리고 새로운 그림을 그리기 시작했어. 그때 탄생한 그림이 〈아비뇽의 처녀들〉이야. 그가 인디언과 아프리카 예술을 경험하지 못했다면 우리는 입체파의 거장인 피카소의 작품 세계를 만나 볼 수 없었을지도 몰라.

독특한 예술가로 뱅크시Banksy를 들 수 있어. 그는 신원을 밝히지 않고 활동하는 영국의 그래피티 예술가야. 설치예술과 그래피티를 접목했어. 예를 들면 CCTV가 설치된 벽에 커다란 글씨를 써. "CCTV 아래에서 하나 된다." 그러면서 그 글씨를 쓰는 것 같은 소녀의 그림도 같이 벽에 그려서 사람들에게 신선한 충격을 주지. 그는 벽이건 거리에서건 다양하게 소재를 가리지 않고 참신한 작품을 만들어 내고 있어. 그는 풍자적인 거리 예술을 꾸준히 선보이면서 반사회적인 예술가로 평가되었고, 명성이 높아졌지.

그는 유명해진 지금도 여전히 정체를 드러내지 않아. 남들이 보지 않을 때 거리 어느 곳에 불쑥 나타나 작업을 해놓고는 사라져서 사람들이 밝은 대낮에야 그의 작품을 발견하곤 신선한 충격에 빠지게 되지.

2018년 10월, 런던 소더비 경매장에서 놀라운 일이 벌어졌어. 뱅크시의 작품인 〈풍선을 든 소녀〉가 낙찰이 된 거야. 약 16억 원이라는 어마어마한 금액이었지. 그런데 낙찰을 알리는 망치 소리가 들리는 순간, 갑자기 그림이 움직이더니 액자 아래로 빠지면서 가늘게 잘려 버렸어. 사람들은 모두 깜짝 놀랐단다. 그런데 다행히 기계가 고장이 나서 그림은 반만 파쇄가 되었고, 나머지 반인 풍선 그림만 온전하게 남았어.

나중에 알고 보니 뱅크시가 일부러 이 작품이 낙찰되면 자동으로 그림이 파쇄되도록 계획했다는 거야. 그가 이 과정을 영상으로 담아 SNS를 통해 자신의 소행이라고 밝힌 거지. 뱅크시의 이 모든 행위는 돈밖에 모르는 자본주의 미술 시장의 속성을 풍자하고 비난한 거야. 그 일은 미술계에 정말 엄청난 사건이었어.

만약 파쇄된 작품을 낙찰받은 사람이 그림 인수를 거부하면 그 책임을 훼손한 뱅크시가 지게 되어 있는데, 낙찰자는 높은 안목을 가진 사람이었던 것 같아. 16억 원에 사기로 한 그대로 파쇄가 중단된 상태의 훼손된 이 그림을 사겠다고 했어.

몇 년 후 소더비 경매에 〈사랑은 쓰레기통에〉라는 새로운 이름으로 이 그림이 다시 나왔고, 그림 가격은 이전의 경매가보다 더 비싸게 거래되었지. 낙찰 가격이 자그마치 우리나라 돈으로 304억 원이라고 해. 세상에 이런 해프닝을 가진 그림은 이것 하나밖에 없으니까 가격이 높게 책정된 거야. 뒤샹Marcel Duchamp이 변기를 눕혀 놓고 예술이라고 주장하면서 현대 미술의 기초가 되었던 것처럼, 항상 새로운 시도와 생각은 우리들의 삶을 바꾸는 법이지.

설레고 가슴 뛰는 새로운 경험과 시도는 무척 중요해. 그러기 위해서는 남들과는 좀 다른 길을 걸었던 사람들의 모습을 주의 깊게 살펴보면 좋겠어. 간접 경험으로라도 더욱더 많은 것을 보고 다양한 사고를 접할 수 있는 청소년 시기가 되었으면 싶거든.

내가 못 해 본 것 중의 하나가 무전여행이야. 장애만 없었으면 아마 시도해 봤을 거야. 돈 한 푼 없이 여행하면서 가는 곳마다 심부름이나 일을 해 주며 숙식을 해결하는 경험은 얼마나 특별할까. 꼭 무전이 아니어도, 도보나 자전거로 최저의 비용을 쓰면서 낯선 곳을 여행해 보는 것도 좋은 경험이지. 풍부한 인생 경험을 가져야 생각의 깊이와 넓이가 확장되니까.

경험을 넓혀야 해. 학교에서 추천해서 가보거나 해본 여태껏의 그런 경험 말고, 본인에게 맞는 전시회나 공연을 직접 찾아서 가봐. 당일치기 코스로 여행을 떠나는 것도 좋을 거야. 아직은 미성년자라서 부모님과 함께 가야 한다면 직접 코스를 짜보는 거지. 새로운 경험을 계획하는 사이사이마다 설렘이 찾아올 거야. 세상을 놀라게 만드는 새로운 시선은 절대로 그냥 얻어지는 게 아니야.

외국어는 새로운 탐험의 도구

요즘은 여기저기 온통 영어로 가득해. 영어 단어를 쓰지 않곤 대화가 어려울 정도로 말이지. 오죽하면 예능 프로그램에서는 말하는 중에 영어를 쓰면 벌칙을 받는 게임을 할 정도니 말이야.

영어 교육 열풍은 어제오늘의 일이 아니긴 해. 유치원생들도 단어 몇 개만 배우는 정도가 아니라, 회화를 배우고 있지. 영어만 잘하면 출세와 성공이 보장되는 것처럼 말이야. 영어권 나라로 조기 유학이나 언어 연수를 떠나는 등 영어에 대한 열기와 열정이 대단해. 영어는 세계 여러 나라에서 통하는 언어라서 중요도가 더 높아지는 것 같아. 영어를 잘해야 큰일을 할 수 있다고도 생각하니까.

하지만 영어만 중요한 언어는 아니란다. 중국어 역시 참 많은 사람이 쓰고 있어. 약 15억 명에 가까운 중국 사람들이 전 세계에 퍼져 있는데, 그 화교들이 쓰고 있기 때문이야.

오래 전 내가 중국 베이징에 갔을 때의 일이야. 그때만 해도 베이징은 세계적인 큰 도시임에도 불구하고 영어가 전혀 통하지 않았었어. 영어로 아무리 이야기해도 식당 종업원이나 택시 기사들이 알아듣질 못하는 거야. 정말 난감했지.

그래서 나는 대학 다닐 때 두 학기 동안 배운 중국어를 더듬더듬 생각해 내기 시작했어. 처음에는 인사말과 몇 마디 짧은 대화만 했는데, 쓰다 보니까 더 많은 중국어 표현들이 기억나는 거야. 이래서 뭐든 배워 놓아야 하나 봐. 잊고 있었던 단어들도 떠오르고 발음도 생각났어. 일주일 동안 중국에 있으면서 몇몇 단어들을 구사하고 문장을 쓸 수 있게 되면서 나는 중국어 공부를 좀 더 열심히 해놓을 걸 하는 후회까지 했지. 외국 사람들이 우리나라에 왔을 때 얼마나 답답할지를 그때서야 비로소 알게 되었단다.

그런 일이 반복되던 어느 날 저녁, 택시를 탔는데 다행히도 그 택시 기사는 영어를 할 줄 아는 거야. 얼마나 반가웠던지…. 그 기사는 짧은 영어로 관광지나 명소에 대해 설명해 주기도 했어. 나 역시 이것저것 물어 보고 대답도 들으니 중국에 여행 온 것이 그제야 실감났어. 그래서 그에게 물었지.

"내일 우리 팀을 택시로 데리고 다니면서 관광 안내를 할 수 있겠소?"

"네, 할 수 있습니다."

아예 그 자리에서 약속을 했어. 그 기사는 영어를 좀 할 줄 아는 덕분에 다음 날 하루 종일 우리를 안내해서 꽤 괜찮은 수입을 얻었지. 안 그랬으면 돈을 벌려고 복잡한 베이징 시내를 하루 종일 돌아다니며 무진 애를 썼어야 했겠지. 이처럼 외국어의 필요성은 국내에 머물 때는 모르지만 외국에 나가면 절실히 느끼게 된단다.

우리나라 첫 천주교 사제인 김대건 신부의 이야기를 좀 해 볼까? 김대건 신부는 조선조 말에 중국으로 건너가 천주교 신학교에서 공부하면서 프랑스어, 라틴어를 비롯해 수학, 지리, 음악 등 서양의 학문을 고르게 익혔어. 그리고 조선으로 돌아와 몰래 숨어 서학(천주교)을 퍼뜨렸는데, 안타깝게도 발각되어 죽을 위기에 처했단다. 당시 조선은 천주교의 평등 사상이 조선의 신분 질서를 위협할 수 있다는 우려와 천주교도들이 조상의 제사를 지내지 않는다는 사실이 알려지면서 박해를 했거든.

하지만 이때 조정의 뜻 있는 사람들 가운데 김대건의 외국어 실력과 외국 학문에 대한 이해를 아까워하며 그를 살리기 위해 노력한 사람들도 있었어. 만일 그때 김대건 신부가 처형당하지 않고 살아 활동했다면 우리나라에 많은 도움이 되었을 거야. 김대건 신부만큼 외국어를 잘하고 외국 물정을 잘 아는 사람이 당시엔 한 사람도 없었으니까 말이다.

외국어를 꼭 익혔으면 해. 유명한 자기계발 전문가는 강연에서 이렇게 말한 적도 있어.

"자녀에게 부모가 물려줄 수 있는 최고의 유산은 영어다!"

그 말이 무조건 맞다는 건 아니지만, 외국어는 분명 우리가 살아가는 데 있어서 큰 무기가 되는 것은 맞아. 근데 외국어는 꾸준히 해야만 실력이 늘어. 그리고 학교에서 배우는 입시 위주의 영어 공부로는 외국인을 만나서 제대로 의사소통하거나 자유롭게 대화하기 어려워.

게다가 한국에만 있으면 배운 걸 써먹을 기회가 없지. 나와 같은 세대의 어른들은 영어 실력도 많이 부족해. 발음도 형편없어서 현지인이 알아듣게 말하는 자체가 어려운 경우도 많아. 하지만 꾸준히 실력을 갈고 닦는 사람들을 보면 영어 실력이 학교에 다닐 때보다 줄어들기는커녕 더 유창하게 구사하더라고. 언어는 습관이기 때문이야.

앞으로의 세상은 지금보다 더 나라와 나라 간의 거리가 좁아지는 세상이 될 거야. 교통수단이 발달하고 인터넷과 다양한 메신저의 도움으로 세계 여러 나라가 연결되면서 심리적으로나 물리적으로나 가까워졌거든. 외국 여행도 더 자주 가고 외국 사람과 해야 하는 사업 영역도 더 넓어지겠지. 얼마나 무한한 가능성이 앞에 펼쳐지겠어? 최근엔 메타버스라는 개념까지 생겨나면서 가상 공간에서 어느 나라의 누구라도 만날 수 있고, 방구석에서 전 세계에 있는 모든 것을 경험할 수 있어.

그럴 때 영어를 못하면 얼마나 답답하고 힘들까! 반드시 영어가 아니어도 좋아. 외국어를 할 줄 안다는 것은 곧 그 사람의 능력과 가능성이 넓어진다는 의미야. 그 능력을 통해서 더 나은 삶, 더 많은 기회가 주어지기 때문이지.

이건 동서고금을 막론하고 똑같아. 조선 후기의 실학자 홍대용은 서구 과학 문명에 관심이 많았어. 그래서 그는 청나라의 수도인 베이징에 가서 엄성이나 반성균 같은 중국 선비들을 사귀었지. 중국말을 하지 못하는 홍대용은 그들과 한자를 써 가면서 글로 이야기를 나누었어. 홍대용이 그들과 나눈 필담은 수십만 자에 이르는데, 이것은 《건정필담》이라는 책으로도 만들어졌지. 만약 홍대용이 중국어를 자유자재로 구사했다면 아마 더욱 많은 지식을 얻고 더 폭넓은 활동을 했을지도 몰라.

외국어 공부는 어렵기만 한 공부가 아니야. 생각하기에 따라 설레면서 즐거운 공부야. 내가 가고 싶고 하고 싶은 것을 자유자재로 경험할 수 있게 해 줄 무기가 하나 생기는 거니까, 공부라고 부담스러워 하지 말고 새로운 세계를 향해 나아가는 탐험이라고 생각하면서 꾸준히 시도하면 돼.

배운 외국어를 써 보고 싶어서 외국인만 보면 입이 벙긋벙긋하는 모습을 상상해 봐. 외국 친구들을 사귀고 안목을 넓히다 보면 또 다른 꿈이 생겨나는 기회가 열릴 거야.

호기심이 세상을 바꾼다고?

어린 아이들은 세상의 모든 것을 신기해 해. 그래서 새로운 것을 보면 만지고 입에 넣어 보곤 하지. 이러한 호기심은 어른이 되면서 서서히 없어져. 어느 정도 나이가 들면 새로운 것을 봐도 아무런 감흥을 느끼지 못하게 된단다. 서글프게도, 그것은 늙었다는 증거지. 그래서 호기심이 왕성한가, 그렇지 않은가가 나이를 얼마나 먹었는지를 입증하는 중요한 단서라고 할 수 있어.

앞으로도 한참 더 성장해야 할 청소년들에게 "항상 호기심을 가지라"고 말하고 싶어. 호기심이야말로 이 세상에 대한 의혹이고, 탐구이기 때문이야. 매일 보는 건물, 매일 보는 풍경, 매일 만나는 사람들이라도 궁금해 하고 관심을 가지라는 뜻이란다. 오늘 내가 만나는 A라는 사람과 내일 만나는 A라는 사람, 그 사람은 분명히 같은 사람이지만 입고 나온 옷이 다르고, 건강 상태도 다르고, 말하는 것과 분위기도 오늘과 내일이 다를 수 있어. 관심과 호기심 있으면 그 사람의 변화나 상태를 깊이 관찰할 수 있지.

'호기심'을 어린 아이들이나 가지는 유치한 감정이라고 생각하는 사람들도 있는데, 아니란다. 세상의 변화를 감지하고, 이해하고, 받아들이기 위해서는 호기심을 가져야만 해. 저 사람이 왜 오늘 저 옷을 입었을까? 저 물건은 왜 저기에 있지? 저 사람은 왜 이런 말을 나에게 할까? 모든 상황이 궁금하고 신기해서 호기심으로 나에게 다가와야 많은 것을 얻을 수 있는 거야.

호기심으로 인류의 역사를 바꾼 놀라운 일을 소개해 줄게. 동굴 벽화 가운데 가장 유명한 것은 〈알타미라의 벽화〉야. 그 벽화는 우연한 기회에 호기심이 많은 소녀에 의해 발견되었지. 1879년, 스페인 북부 알타미라 지방에서 한 사냥꾼이 동굴에 갔다가 과거의 유물을 몇 개 가지고 나왔어. 이를 본 그 지방의 영주는 다음 날 딸을 데리고 동굴로 찾아갔지. 영주의 호기심 많은 다섯 살짜리 딸 마리아는 겁도 없이 동굴로 아빠를 따라 들어갔어.

과연, 동굴에는 다양한 유물들이 흩어져 있었어. 그것만 해도 큰 발견이었지. 그런데 마리아는 아빠 몰래 호기심으로 동굴 안쪽으로 더 들어갔다가 온통 동굴 천장을 장식한 마치 살아 움직이는 것 같은 소 그림을 발견했어. 그 소 그림을 따라 들어가 보니 동굴 벽 가득히 소와 코끼리, 순록이 잔뜩 그려져 있었어. 이게 바로 그 유명한, 길이가 270미터나 되는 〈알타미라의 벽화〉란다.

나는 글을 쓰는 사람이기 때문에 항상 호기심을 가지고 무엇이든 보려고 무척 노력해. 평소에는 무심히 보던 것들도 새롭게 보려고 애를 쓰지. 작가라면 매년 피는 벚나무의 꽃망울을 보면서 매번 감탄할 수 있어야 하고, 꽃술 안에 있는 수술과 암술을 신기해할 수 있는 마음을 지녀야 해. 그것이 문학을 하는 마음이고, 이 세상을 경이롭게 바라보고 살펴보는 자세니까.

호기심은 숨어 있는 보물을 찾을 수 있게 해 주지. 사람과 사람이 만나 처음 사귈 때도 호기심을 가져야 다가가게 된단다. '저 사람은 어떤 사람일까?', '나와 어떤 일을 같이 할 수 있을까?', '그와는 어떤 대화를 나눌 수 있을까?' 이러한 호기심으로 접근하면 서로의 관계가 깊어지고 발전하게 되지. 호기심이 없으면 누구와 사귈 필요성이나 만나고 싶은 감정도 느끼지 못하게 되고, 만날 이유조차 없어져.

호기심을 잃어버리면 더 이상 젊음을 유지할 수 없고, 이 세상의 새로운 것들을 발견해 낼 수 없게 된단다. 자세히 살펴보면 신기하고 궁금하고 재미있는 것들이 얼마나 많은데! 그 속에 담긴 지혜와 정보들은 늘 우리 주변을 떠돌며 새로운 감흥과 힌트를 주려고 노력하고 있어. 하지만 호기심이 없으면 그러한 힌트와 정보를 자기 것으로 만들지 못하지.

나는 몸이 불편하다 보니 남들처럼 새로운 것, 신기한 것을 접하기가 쉽진 않아. 산이나 험한 길은 갈 엄두도 못 내지. 하지만 어쩌다가 누군가의 도움을 받아 산에 있는 절을 간다거나 내가 갈 수 없는 곳에 가게 되면 그곳은 온통 호기심의 대상이 되고 말아.

"와! 저 나무 봐! 저 잎 봐! 저 꽃 봐! 저 새 봐!"

남의 등에 업혀 가면서 자연을 바라보며 경탄을 쏟아내면, 나의 일행에게 "뭐 저런 것을 보고 감탄하느냐"고 핀잔을 듣기도 해. 하지만 호기심 전문가인 나에겐 모든 게 다 신기하고, 반갑고, 설레는 대상이야. 사소하고 별것 아닌 것을 보고 감탄하고 호기심으로 바라보는 능력은 그러고 보면 모든 사람에게 주어진 건 아닌가 봐. 너에겐 그러한 능력이 있니?

글로 적어 두면 이뤄진다

5

내가 가장 가슴 설레는 순간은, 메모 수첩을 다 써서 새 수첩을 꺼낼 때란다. '새 수첩'에 설렌다고 하면 뭐 엄청 거창한 것 같지만, 스프링 달린 메모용 수첩이야. 가끔은 철 지난 다이어리를 메모 수첩으로 쓰기도 해. 뭐가 되었건 아무것도 적히지 않은 깨끗한 수첩을 꺼내면 아주 기분이 좋아.

가장 먼저 하는 일은 수첩을 쓰기 시작한 날짜를 적는 거야. 그런 뒤에 새 페이지에 끄적이기 시작하지. 뭘 쓰냐고? 이런 것들이지.

생각, 낙서, 돈 쓴 내역, 그날의 할 일, 친구 전화번호, 신문을 읽다 베낀 내용, 책에 적힌 감동받은 문구, 하고 싶은 것, 일기, 사업 구상, 그림, 만화….

그렇게 메모해 둔 수첩은 모두 아이디어 창고가 되지. 뭔가 끄적거리며 메모하는 자체가 재미거든.

메모를 시작한 건 대학교 3학년 때부터야. '신문 문장론'이라는 과목을 강의한 교수님이 기자 출신이셨는데, 메모를 평생 했다는 거야. 명색이 작가를 꿈꾸는 내가 메모를 안 한다는 건 말이 안 된다는 생각이 들었어. 그래서 당장 배워서 메모를 시작했지. 그때부터 습관을 들여온 것이 지금까지 이어지고, 그 결과물들이 내 서재에 가득 자리 잡고 있어.

무엇이든, 어떤 내용이든 좋으니까 마음속에 바라는 것이 있다면 글로 적어서 간직하길 바라. 성공한 사람들에게 성공 비결을 물으면, 자신이 원하는 것을 글로 적었다는 이야기를 많이 하거든. 나도 수첩에 하고 싶은 것, 이루고 싶은 것들을 글로 적곤 했어.

오래 전, 지금처럼 알려지기 되기 전에, 우리 아이가 클

때쯤이면 내가 쓴 동화책을 읽히고 싶다고 생각했었어. 그래서 그 바람을 일기장에 적었단다. 그렇게 나의 일기장에는 '동화를 쓰고 싶다'는 항목이 몇 년 동안 더 기록되었어. 그러곤 한동안 일기장에 그런 소원을 써둔 것도 잊어버린 채 살았지. 그러다 어느 날 오래전에 써둔 일기장을 정리하다 글귀 하나를 발견했어.

"우리 아이들이 읽을 수 있는 동화책을 쓰고 싶다."

정말 깜짝 놀랐어. 원하는 것을 글로 적으면 이루어진다는 사실을 삶에서 체험했기 때문이야. 그 뒤 나는 동화를 어떤 걸 쓸까 시장조사를 했지. 서점에 나가 보니 왕자님, 공주님, 개구리, 두꺼비, 마법사… 내가 쓰려던 동화는 다 이미 세상에 나와 있는 게 아니겠어?

'아, 이건 아니다' 싶었단다. 나만의 이야기, 나 아니면 쓸 수 없는 이야기를 구상해야겠다는 결론이 나오더라고. 오랜 고민 끝에, 마침내 내가 가장 잘 아는 이야기는 '장애'라는 사실을 깨닫게 되었지. 그래서 쓰게 된 작품이 바로 장애를 다룬 동화 《아주 특별한 우리 형》이야.

이 책은 출간되자마자 히트를 쳤단다. 아마 그해에 가장 많이 팔린 창작 동화가 되었을 거야. 그 뒤로 《안내견 탄실이》, 《네 손가락의 피아니스트》, 《가방 들어주는 아이》 등 장애 관련 동화를 줄줄이 펴내게 되었단다. 소설가에서 동화 작가로 또 다른 타이틀을 얻게 된 계기였지.

원하는 것을 글로 적기만 했는데 어떻게 그 꿈이 이루어진 걸까? 여러 가지 해석이 가능하겠지만, 글로 적는 행위는 목표를 위하여 노력하라고 스스로에게 채찍질하는 효과를 낳기에 그럴 거야. 성직자인 노먼 빈센트 필Norman Vincent Peale도 이런 현상을 다음과 같이 설명했어.

"만일 어떤 사람이 내내 실패하는 것만 생각하면 그 사람의 인생은 그대로 될 것임에 틀림없다. 반대로 성공하는 것을 상상하면 같은 정도의 강력한 힘이 작용하여 그렇게 되어 간다."

목표를 정하고 원하는 것을 적는 것, 그것을 '이미지화'라고 말해. 그런 경험이 있기에 나는 이루어질 수 없는, 터무니없다고 생각되고 현실적으로 불가능해 보이는 목표일지라도 원하는 것이라면 무조건 적어 봐. 그리고 수시로 그 적어 놓은 걸 보면서 그 꿈과 희망을 키워 나가면 돼.

청소년들 중에는 자기 꿈이나 미래에 대해 확신이 있는 친구들도 있지만 대부분의 경우엔 그렇지 않아. 이런 모습으로 살았으면 좋겠다는 대략의 상상만 할 뿐이지. 물론 그렇게 머릿속으로 그려 보는 작업도 중요해. 그렇게 해 보지 않으면 남들이 꾸는 꿈과 소망을 내 것인 줄 알고 착각해서 허무맹랑한 꿈을 꾸게 되니까.

시간을 내어 가만히 자신을 들여다보자. 그리고 적어 봐. 아주 거대한 꿈을 쓰라는 게 아니야. '이러저러한 모습이었으면 좋겠다'고 생각되는 것들을 한두 줄이라도 써 보는 거지. 그 글이 목표가 될 수도 있고, 목적이 될 수도 있을 거야. 머릿속으로 생각만 해서는 노력이라는 행동이 따라와 주지를 않아. 힘차게 나아가려면 글로 적어 분명히 해야 해.

성적을 높이는 것, 키가 자라는 것, 운동을 잘하는 것 등… 무엇이든 좋으니까 원하는 것이 있으면 글로 적어서 간직해 보렴. 마음에 맞는 친구를 사귀기, 다이어트하기, 책 읽기처럼 소소한 것도 다 괜찮아. 그리고 어떤 변화가 내 삶 속에서 일어나는지 기대해 보렴.

물론 그렇게 적어 둔다고 항상 기억나는 건 아니야. 잊어버릴 수도 있고, 때로는 목표를 향해 나아가는 과정이 멀고 험해서 포기하거나 좌절할지도 몰라. 그래서 글로 적어 남겨야 해. 일단 글로 적는다는 건 목표를 향해 한 발 한 발 가까이 가는 거야. 글로 쓰는 게 별것 아닌, 정말 의미 없는 것 같지만 자기 자신에게 내면의 힘을 갖게 해 주는 방법이라는 것도 잊지 말고.

노트든, 일기장이든, 핸드폰 메모장이든, 다이어리든, SNS든, 어디든 상관없어. 우선 쓰고 보자. 설레는 우리의 미래를!

잘하는 게 뭔지 물으신다면

초판 1쇄 발행 2022년 5월 30일
초판 3쇄 발행 2023년 7월 10일

지은이 고정욱
그린이 김현주
펴낸이 홍석
이사 홍성우
인문편집팀장 박월
편집 박주혜
디자인 김혜림
마케팅 이송희·이민재
관리 최우리·김정선·정원경·홍보람·조영행·김지혜

펴낸곳 도서출판 풀빛
등록 1979년 3월 6일 제2021-000055호
주소 07547 서울특별시 강서구 양천로 583 우림블루나인 A동 21층 2110호
전화 02-363-5995(영업), 02-364-0844(편집)
팩스 070-4275-0445
홈페이지 www.pulbit.co.kr
전자우편 inmun@pulbit.co.kr

ISBN 979-11-6172-840-7 43190